거룩한 삶을 위한 능력, **교리묵상**

기쁨

김남준 현 안양대학교의 전신인 대한신학교 신학과를 야학으로 마치고, 총신대학교에서 목회학 석사와 신학 석사 학위를 받았으며, 신학 박사과정에서 공부했다. 안양대학교와 현 백석대학교에서 전임 강사와 조교수를 지냈다. 1993년 **열린교회**(www.yullin.org)를 개척하여 담임하고 있다. 시류와의 영합을 거절하는 청교도적 설교로 널리 알려진 저자는 조국 교회에 바르고 깊이 있는 신학적 목회가 뿌리내리기를 갈망하며 연구와 설교, 집필에 힘쓰고 있다.

주요 저서로는 **1997년도 기독교 출판문화상**을 수상한『예배의 감격에 빠져라』(규장)와 **2003년도 기독교 출판문화상**을 수상한『거룩한 삶의 실천을 위한 마음지킴』, **2005년도 기독교 출판문화상**을 수상한『죄와 은혜의 지배』(생명의말씀사)를 비롯하여『구원과 하나님의 계획』(부흥과개혁사),『게으름』,『자기 깨어짐』,『하나님의 도덕적 통치』,『교사 리바이벌』,『자네, 정말 그 길을 가려나』,『목회자의 아내가 살아야 교회가 산다』,『설교자는 불꽃처럼 타올라야 한다』,『돌이킴』(생명의말씀사) 등 다수가 있다.

거룩한 삶을 위한 능력, 교리묵상 **기쁨**

ⓒ **생명의말씀사** 2009

2009년 10월 20일 1판 1쇄 발행
2009년 11월 30일   3쇄 발행

펴 낸 이　김창영
펴 낸 곳　생명의말씀사
등　 록　1962. 1. 10. No.300-1962-1
주　 소　110-101 서울 종로구 송월동 32-43
전　 화　(02)738-6555(본사), (02)3159-7979(영업부)
팩　 스　(02)739-3824(본사), 080-022-8585(영업부)

지 은 이　김 남 준

기획편집　태현주, 조해림
디 자 인　박소정, 맹영미
제　 작　신기원, 오인선, 홍경민
마 케 팅　이지은, 선승희, 박혜은
영　 업　박재동, 김창덕, 김규태, 이성빈, 김덕현, 황성수
인　 쇄　우림문화사
제　 본　정문바인텍

ISBN 978-89-04-15869-0
ISBN 89-04-00116-1(세트)

저작권자의 허락없이 이 책의 일부 또는 전체를
무단 복제, 전재, 발췌하면 저작권법에 의해 처벌을 받습니다.

거룩한 삶을 위한 능력, **교리묵상**

기쁨

김남준 저

생명의말씀사

묵상은 머리의 지식을
마음으로 흘려보내는 깔대기입니다

저자 서문

 오랫동안 목회한 제게도 풀리지 않는 의문이 있었습니다. 그것은 복음을 깊이 경험하고 그리스도를 인격적으로 경험한 사람들의 미끄러짐에 관한 것이었습니다. '강력한 은혜를 경험하고도 어쩌면 그렇게 쉽게 뒤로 물러가 침륜에 빠질 수 있을까?' 하는 의문이 늘 제 가슴 속에 있었습니다.

 이 질문에 대한 충분한 해답을 찾기 위해서는 아직도 많은 논의가 필요하겠지만, 우선적으로나마 저는 이에 관해 가장 중요한 원인을 두 가지로 나누어 말씀드리겠습니다.

 첫째는 과거 회심의 문제입니다. 그들의 회심이 총체적으로 복음의 의미를 경험한 회심(신학적 회심)이 아니라 진리 중 일부분을 경험한 회심(도덕적 회심)이었기 때문입니다. 그래서 그들의 생각은 성경 진리와 그리스도를 아는 지식으로 정리되어 있지 않으며, 그 안에서 마음속에 많은 모순contradictions을 경험하게 됩니다. 이런 사람에게 견고한 신앙을 기대할 수는 없습니다.

둘째는 현재 은혜의 문제입니다. 즉 바르게 회심해야 할 뿐 아니라 그 회심을 늘 보존하고 살아야만 견고한 신앙생활이 가능한 것입니다. 신자가 하나님의 은혜로부터 멀어지는 가장 큰 요인은 하나님의 말씀을 현재적으로 마음에 품고 살지 않는 것입니다. "내가 주께 범죄치 아니하려 하여 주의 말씀을 내 마음에 두었나이다"시 119:11. 신자가 과거에 아무리 하나님을 만나고 진리를 경험했다 할지라도 말씀을 현재적

저자 서문

으로 마음속에 품고 살지 않으면, 죄에 대한 승리는 없습니다.

교리묵상 시리즈 9권 『기쁨』이 출간되었습니다. 그리스도인의 별명 가운데 하나는 '고난 가운데서도 기뻐하는 자들'입니다. 사람들은 궁금해 합니다. '흙으로 덮어 놓은 듯 빛 한 줌 들어오지 않는 인생길에서 저들은 어떻게 기뻐할 수 있지?'

환난과 고난이 신자만을 비껴 가는 것도 아닙니다. 유독 참을성이 많아 자신의 힘으로 견디거나 행복의 길을 포기한 것도 아닙니다. 신자가 기뻐할 수 있는 유일한 비결은 기쁨의 근원이 다른 무엇이 아닌 하나님이시라는 데 있습니다.

그리스도의 놀라운 은혜로 구원받았음에도 불구하고 그분과 동행하는 기쁨이 어색하다면 매우 불행한 일입니다. 우리에게 기쁨을 선물하시는 하나님의 손을 굳게 잡으십시오. 그리고 그분의 말씀에 귀를 기울여 보십시오. 말씀으로 씨를 뿌린 마음 밭에 누구도 꺾을 수 없는 기쁨이 자라날 것입니다.

그리스도의 노예
김남준 목사

- 저자 서문 _4
- 책을 열며 _16

기쁨의 당위, 신자의 권리이자 의무 _25

기쁨은 하나님의 자녀의 정당한 권리입니다

기쁨을 누림에 있어 양극단으로 치우치는 것을 경계해야 합니다

진정한 누림은 언제나 절제 속에서 이루어집니다

축복 너머에 있는 하나님의 마음을 읽을 때 영적인 유익이 있습니다

신자의 기쁨의 원천은 오직 하나님입니다

하나님이 기쁨의 근원이시기에,
하나님과의 관계 개선 없이 참된 기쁨을 경험할 수는 없습니다

덕스럽고 좋은 행동은 우리의 마음에 가득 찬 기쁨으로부터 흘러나옵니다

신자의 기쁨의 삶은 참된 기쁨을 잃어버린 세상을 위해서도 꼭 필요합니다

하나님을 기뻐하는 것이 신자의 최고의 미덕입니다

하나님의 기쁨은 생명의 역사를 불러일으킵니다

하나님이 기뻐하시는 사람은 생명의 역사를 일으키면서 삽니다

아무리 대단한 인생일지라도,
하나님이 기뻐하시지 않는 삶이라면 사나마나한 인생입니다

하나님의 기쁨이 되는 사람의 인생이라고 항상 형통한 것은 아닙니다

인생에서 중요한 것은 무엇을 하였는가가 아니라
하나님께 어떠한 존재였는가입니다

최고의 하나님께 기쁨이 되는 존재로 살아가는 것이
최고의 기쁨을 간직한 인생의 비결입니다

기쁨의 뿌리, 사랑과 헌신 _61

자기 사랑을 붙들고 살아가는 사람은 하나님을 기뻐할 수 없습니다

하나님을 기뻐한다는 것은 하나님의 모든 것을 받아들인다는 것입니다

하나님을 기뻐할 수 없는 것은 하나님 아닌 다른 사랑이 있기 때문입니다

하나님을 기뻐하는 신자의 존재 자체가 하나님께 기쁨이 됩니다

존재가 아름다워지면 소원도 아름다워집니다

하나님을 사랑한 사람만이 모든 것을 소유한 사람입니다

신자가 추구해야 할 기쁨은 헌신의 기쁨입니다

나 중심적인 사고로는 결코 헌신의 기쁨을 이해할 수 없습니다

하나님과 함께 기뻐하려면 하나님의 관점으로 바라보아야 합니다

진정한 기쁨은 하나님을 섬기는 삶 속에 있습니다

기쁨의 확장, 고난과 진리와 돌아봄 _87

신령한 기쁨과 거룩한 슬픔의 공존이 신자의 영적 삶의 신비입니다

거룩한 외로움을 아는 사람만이
하나님과 하나 된 충만한 기쁨을 알 수 있습니다

지혜로운 신자는 환란과 시련의 때를 가장 놀라운 기쁨의 때로 살아갑니다

충만한 기쁨이 있으면 곤경도 더 큰 헌신의 기회가 됩니다

신자의 기쁨은 환경이 주는 것이 아니라 은혜가 주는 것입니다

신자가 희망해야 할 것은 환경의 개선이 아니라 은혜입니다

하나님에 대한 믿음은 인생의 어려운 시기를 기쁨으로 살아갈 수 있게 합니다

한 점 죄악도 한 점 실수도 범하지 않으셨건만
예수님의 생애는 고난의 점철이었습니다

가장 고통스러운 순간에도, 예수 그리스도는 고난을 피하지 않으셨습니다

고난을 피하지 않고 감당하는 것은 무능해서가 아니라
하나님의 지혜를 신뢰해서입니다

기독교는 고난의 종교요, 고난은 하나님의 선물입니다

고난을 피하려다 보면 죄 또는 불순종으로 나아가게 됩니다

복음을 전한 사람의 최고의 기쁨은 진리 안에서 행하는 모습을 보는 것입니다

하나님이 기쁨의 이유가 되면 진리를 갈망하지 않을 수 없습니다

진리를 기뻐한다는 것은 하나님의 통치를 기뻐하는 것입니다

진리는 하나님 자신이요, 계명은 우리를 향해 보여 주신 하나님의 의지입니다

이 세상이 우울하고 어두운 것은 물질이 부족하기 때문이 아니라
진리의 기쁨이 없기 때문입니다

진리를 사랑하는 사람이라야 진리 안에서 행할 수 있습니다

진리를 추구하지 않은 채 삶의 기쁨을 찾는 것은
연료 없이 불을 피우려 애쓰는 것과 같습니다

세상에 있는 것들이 주는 행복은 금방 사라지지만
하나님의 진리가 주는 행복은 영원합니다

목차

충만한 기쁨의 또 하나의 비결은 나 자신과 이웃을 돌아보는 것입니다

자기를 돌아봄에 있어서 꼭 필요한 것은 자기를 향한 사랑이 아니라
하나님을 향한 사랑입니다

자신의 영혼과 영적 삶과 관계된 모든 태도를 성찰하고 돌아보게 될 때
우리는 점점 더 온전해져 갑니다

다른 사람들의 필요를 채우며 돕고자 하는 마음이
하나님을 기쁘시게 하는 신자의 돌아봄입니다

그리스도인의 삶은 움켜쥐는 삶이 아니라
강물처럼 흐르면서 다른 사람들에게 나눠 주는 삶입니다

돌아봄은 온전케 하는 교통의 비결입니다

하나님을 기뻐함의 정체는 하나님을 아는 지식입니다

하나님이 어떤 분인지 알아갈 때 충만한 기쁨이 생겨나고
그 기쁨을 통해서 우리는 온전해져 갑니다

기쁨의 열매, 관용과 순종 _149

하나님을 기뻐하는 사람이라야 관용의 삶을 살 수 있습니다

관용이란 나에게 고통을 준 사람까지
온화함과 너그러움으로 품을 수 있는 마음의 여유입니다

관용의 삶을 살아야 하는 이유는 주께서 가까우시기 때문입니다

관용은 우리의 영혼이 미움의 문으로 들어가지 않게 막아 주는 수문장입니다

관용에 필요한 희생과 인내를 감수할 수 있게 해주는 힘의 원천이
신령한 기쁨입니다

기쁨은 우리 영혼을 보호하는 일인 동시에
다른 사람을 품는 큰 사랑의 기초입니다

생명적 연합의 비밀은 순종입니다

기쁨의 삶의 정체는 생명적 연합을 이루는 사랑 안에 거하는 것입니다

예수님의 생애는 전체가 계명에 순종하는 순명의 생애였습니다

온전히 기쁨으로 그 계명을 따르는 것이 순종이기에,
순종의 동기는 반드시 하나님을 향한 사랑이어야 합니다

하나님의 탁월한 지혜와 완전한 사랑을 믿는 것이 순종의 비결입니다

우리가 살아야 할 인생은 순종이 기쁨을,
기쁨이 다시 순종을 낳는 아름다운 순환의 삶입니다

하나님,
나에게 소박한 기쁨을 주옵소서

책을 열며

 꿈을 꾸었습니다. 그리고 35년 가까운 세월이 흘렀건만 아직도 생생합니다. 나 홀로 길을 걷고 있었습니다. 끝없이 이어진 긴 골목이었습니다. 사람들이 붐비고 길 양편으로 늘어선 노변에는 주점과 음식점과 유흥장들이 즐비하게 이어져 있었습니다. 나는 지친 몸을 이끌고 힘겹게 걷고 있었습니다. 다리도 아프고 목도 말랐습니다. 거리에는 어두움이 깔리고, 유리창 안의 따뜻하고 밝은 불빛이 유쾌하게 웃는 사람들의 웃음소리와 함께 바깥으로 퍼져 나왔습니다.

 문을 열고 들여다보았습니다. 아무도 나처럼 우울하고 불안해 보이는 사람은 없었습니다. 그들 가운데 한 자리를 차지하고 앉아 음식도 먹고 술도 마시려 했습니다. 그러나 단 한 자리도 빈 자리가 없었습니다. 아무도 나를 관심 있게 보아 주는 사람이 없었습니다. 어두운 골목길을 걸을 때보다 더 큰 슬픔과 외로움이 파도처럼 밀려들었습니다. 그렇게 여러 곳을 헤매었으나 어디에서도 나는 그 사람들처럼 기쁠 수 없었습니다.

얼마나 걸었을까? 그 골목길을 모두 빠져 나왔을 때에는 이미 찬란한 햇살이 언덕 가득히 비치던 때였습니다. 거기에는 집도 없고 상점도 없었습니다. 한가하게 웃고 떠들며 기뻐하는 사람도 없었습니다. 모든 사람들은 저마다 그 광야에 집을 짓고 있었습니다. 아름다운 불빛 없고 풍성한 음식이 없어도, 창문을 두드리는 유쾌한 웃음소리가 없어도, 그들에게는 골목길에 머물던 사람들에게서 찾아볼 수 없던 희락과 유열이 있었습니다.

그것은 소란스럽거나 화려한 것도 아니었고 드러나지 않으면서도 숨길 수 없는 그런 기쁨이었습니다. 그리고 나는 그 사람들과 함께

책을 열며

그 벌판에 집을 짓고 거기 살기로 뜻을 세웠습니다. 그랬더니 이전에 나의 모든 불안은 사라지고 말할 수 없는 기쁨과 평안이 밀려들었습니다. 저 멀리서 태양이 붉은 빛을 토하며 지평선으로 기울고 있었습니다.

꿈을 깨고 오랫동안 누운 채로 생각했습니다. 그리고 철이 들어서 처음으로 기도라는 것을 하였습니다. "하나님, 행복하고 싶습니다. 평안하고 싶습니다. 휘황하고 찬란한 기쁨이 아니어도 좋습니다. 나에게 소박한 기쁨을 주옵소서. 당신을 의지합니다. 나의 인생의 길을 인도하옵소서." 이 기도를 드린 지 얼마 지나지 않아 저는 스스로 교회를 찾았고 그로부터 몇 주 후 회심하게 되었습니다.

그리스도인이 되기 전이든지 그 후든지 변하지 않는 것이 저에게 있으니 그것은 이 세상에서 기쁨의 삶을 살고 싶어하는 것입니다. 다만 이제는 후회하지 않는 기쁨을 구하는 것이 무엇인지를 그리스도를 통해 알았을 뿐입니다.

살아있는 모든 사람은 기쁨을 찾습니다. 그가 누구이든지 모든 사람은 기쁨을 얻기 위해 사는 것입니다. 그러나 실제로 기쁨의 삶을 살아가는 사람들은 많지 않습니다.

크게 불행하다고 느끼는 대부분의 사람들은 어쩌면 가장 많이 기쁨을 찾았던 사람들일 것입니다. 기쁨을 잘못된 곳에서 찾고 올바르지 않은 방식으로 구하려 할 때 오히려 그렇지 않았던 사람들보다 훨씬 더 자신의 욕망의 무게에 눌려 영혼의 깊은 심연으로 굴러 떨어지는 것입니다.

인간의 마음은 진리의 빛이 비추지 않는 한 본질적으로 어둠 속에 있어 대상을 바로 볼 수도 없고 또 그것을 올바르게 찾을 수도 없습니

책을 열며

다. 눈에 보이는 사물들이 아니라 정신적인 것들에 대해서는 더더욱 그러합니다.

모든 사람이 기쁘기를 원하지만 기쁘기를 원하지 아니하였더라면 덜 불행할 수 있다고 여겨지는 것도 바로 이 때문입니다. 인간의 가장 큰 불행은 참된 기쁨의 근원이 아닌, 다른 곳에서 기쁨을 찾는 것입니다. 성경은 인간의 참된 기쁨의 근원이 무엇이며 그것을 어떻게 찾아가는지를 가르쳐주는 안내서입니다. 하나님은 당신 자신만이 우리의 기쁨의 유일한 원천이라고 말씀하십니다. 그리고 성경에 기록된 그 많은 계명은 그 기쁨의 근원을 찾아가는 믿음의 규칙과 그 기쁨 안에서 살아가는 생활의 교훈들을 담고 있습니다.

이 책은 여러분들이 이러한 영원한 기쁨의 원천이신 하나님과 올바른 관계를 맺으며 참된 기쁨의 삶을 사는 길로 안내합니다. 기쁨은 하나님의 자녀들의 정당한 권리입니다. 그 기쁨을 누림에 있어 우리는 언제나 그 원천이 하나님께 있음을 잊지 말아야 합니다. 하나님 아닌 다른 곳에서 기쁨을 찾고 있는 사람이 있다면 그 사람의 영혼에는 이미 빨간 불이 들어온 것입니다. 거짓된 기쁨의 실체를 알고 그것으로부터 떠나는 일 없이는 누구도 참된 기쁨에 다가갈 수 없습니다.

이 묵상집은 그런 기쁨의 삶을 사는 실제적인 지혜와 적실성을 가지고 여러분에게 다가갈 것입니다. 하나님의 말씀은 우리의 지성 속에서 숙고와 적용을 거쳐 마음으로 내려옵니다. 그렇게 마음에 있는 하나님의 말씀만 우리가 사용할 수 있는 진리입니다. 이 책을 읽으며 기쁨의 근원이신 하나님께 더 가까이 다가가는 행복을 누리길 바랍니다.

Rejoicing in the Lord

기쁨은 하나님의 자녀의 정당한 권리입니다

기쁨을 누림에 있어 양극단으로 치우치는 것을 경계해야 합니다

진정한 누림은 언제나 절제 속에서 이루어집니다

축복 너머에 있는 하나님의 마음을 읽을 때 영적인 유익이 있습니다

신자의 기쁨의 원천은 오직 하나님입니다

하나님이 기쁨의 근원이시기에, 하나님과의 관계 개선 없이 참된 기쁨을 경험할 수는 없습니다

덕스럽고 좋은 행동은 우리의 마음에 가득 찬 기쁨으로부터 흘러나옵니다

신자의 기쁨의 삶은 참된 기쁨을 잃어버린 세상을 위해서도 꼭 필요합니다

하나님을 기뻐하는 것이 신자의 최고의 미덕입니다

하나님의 기쁨은 생명의 역사를 불러일으킵니다

하나님이 기뻐하시는 사람은 생명의 역사를 일으키면서 삽니다

아무리 대단한 인생일지라도, 하나님이 기뻐하시지 않는 삶이라면 사나마나한 인생입니다

하나님의 기쁨이 되는 사람의 인생이라고 항상 형통한 것은 아닙니다

인생에서 중요한 것은 무엇을 하였는가가 아니라 하나님께 어떠한 존재였는가입니다

최고의 하나님께 기쁨이 되는 존재로 살아가는 것이 최고의 기쁨을 간직한 인생의 비결입니다

Rejoicing in the Lord

기쁨의 당위,
신자의 권리이자 의무

기쁨은 하나님의 자녀의 정당한 권리입니다

"주 안에서 항상 기뻐하라 내가 다시 말하노니 기뻐하라"(빌 4:4).

마냥 달콤하기만 한 인생은 없습니다. 누구에게나 근심 걱정은 있으며, 누구나 고난의 때를 만납니다.

그럼에도 불구하고 성경은 성도에게 "항상 기뻐하라"고 말합니다. 기쁜 일이 있을 때는 물론, 슬프고 억울하고 화나는 일이 있을 때에도 그 모든 환경을 초월해서 기뻐하라는 것입니다.

어떻게 이것이 가능할까요? 성경은 이러한 초월적 기쁨을 누리는 비결을 믿음이라고 말합니다. 상황이 아니라 하나님을 바라보는 믿음이 기쁨으로 가득한 인생을 선사하는 것입니다.

세 석공이 있었습니다. 그들에게 무엇 때문에 이 일을 하느냐고 묻자 첫 번째 사람은 불만 가득한 어조로 "죽지 못해서 이 놈의 일을 하오."라고 대답했습니다. 이어 두 번째 사람도 "돈 벌려고 하지." 라고 말했습니다. 하지만 세 번째 사람은 "나는 지금 신의 영광을 드러내기 위해서 이 대리석을 조각하고 있소."라고 미소 띤 얼굴로 대답했습니다.

얼굴에 돌이 튀고, 먼지에 목이 아리다고 해서 이 세 번째 사람의 얼굴에서 미소가 사라질까요? 온 몸에 땀과 먼지를 뒤집어 써도,

그는 괘념치 않고 조금씩 완성되어 가는 조각품을 바라보며 기뻐할 것입니다.

우리의 인생도 이와 같습니다. 하나님을 바라보고, 하나님을 의뢰하며 살아가는 사람들은 인생에서 만나는 시시콜콜한 문제들에 흔들리지 않습니다.

하나님은 당신의 자녀들에게 세상이 알 수 없는, 하나님 자신으로부터 비롯된 초월적인 기쁨을 주셨습니다. 그리고 하나님을 사랑하면 할수록 그 기쁨이 증폭되게 하셨습니다.

하나님을 사랑하는 것이 기쁨이 되고 있습니까? 하나님이 살아계시다는 사실이, 하나님이 만드신 피조 세계가 내 앞에 펼쳐져 있다는 사실이 날마다 기쁨으로 다가옵니까? 지금 나에게 그 기쁨이 없다면 하나님의 자녀로서 마땅히 누려야 할 권리를 누리지 못하고 있는 것입니다.

하나님의 자녀의 가장 큰 영광이요 행복은 하나님을 기뻐하는 것입니다. 하나님의 자녀의 정당한 권리인 기쁨을 영혼 가득 누리기를 바랍니다.

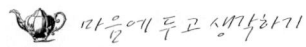

세상에서 만나는 어려움과 문제 그 자체에만 온 관심을 몰두하며 살고 있지는 않습니까? 당신의 삶에 기쁨이 없다면, 그것은 하나님이 주시지 않아서가 아니라 당신 스스로 참된 기쁨의 삶을 포기하고 있기 때문입니다.

기쁨을 누림에 있어
양극단으로 치우치는 것을 경계해야 합니다

"근심하는 자 같으나 항상 기뻐하고 가난한 자 같으나 많은 사람을 부요하게 하고
아무 것도 없는 자 같으나 모든 것을 가진 자로다"(고후 6:10).

사람의 모습과 성격이 저마다 다른 것처럼, 신앙의 모습도 참 다양합니다. 성경을 보아도, 믿음의 사람이라고 해서 모두 비슷하게 살아가는 것은 아님을 알게 됩니다. 하나님께서는 개별적인 목표와 계획 속에서 우리를 저마다 특별한 존재로 창조하신 것입니다.

그러나 하나님께서 부여하신 특성을 발휘하며 다양하게 살아가는 삶 속에도 지켜야 할 경계가 있습니다. 바로 방종 또는 굴종에 치우치지 않은 채, 아름다운 순종의 자세로 믿음의 길을 걸어가야 한다는 것입니다.

기쁨을 누리는 문제에 있어서도 이 원칙은 그대로 적용됩니다. 기쁨을 누리는 태도에 있어서도 지나치게 기쁨에 탐닉하거나, 의식적으로 기쁨을 멀리하며 금욕주의에 치우치는 양극단에 빠지지 말아야 하는 것입니다.

고대 그리스의 철학자 제논Zenon of Kyprios의 일화입니다. 어느 날 제논은 허영심이 많아 돈을 마구 쓰는 제자를 불러 부드럽게 충고했습니다. 그런데 그 제자는 부끄러워하기는커녕 도리어 "그만한 돈이 있어서 쓰는데 무엇이 잘못되었습니까?" 하고 대드는 것이

었습니다. 그러자 제논은 엄한 목소리로 이렇게 말했습니다. "그러면 소금이 많이 있다고, 요리하는 사람이 음식에 소금을 마구 집어 넣어도 된다는 말인가?"

지나치지도 모자라지도 않은 적당량의 소금이 음식을 맛있게 하듯이 지나치지도 모자라지도 않은 기쁨이 우리의 인생을 아름답게 만듭니다.

모든 쾌락을 악으로 간주하고 모든 인간의 욕구에 대한 극단적인 자제와 단절만이 미덕이라고 생각하는 것도 옳지 않고, 기쁨 자체를 삶의 목표로 삼고 쾌락의 노예가 되어 사는 것도 옳지 않습니다.

기쁨은 그저 기쁨일 뿐, 탐닉하거나 배척할 대상이 아닙니다. 기쁨을 삶의 목표로 삼는 것은 옳지 않지만, 하나님께서 우리의 인생에 허락하신 소중한 선물임을 망각해서도 안 됩니다. 감사함으로 주어진 기쁨을 누리며, 자족하며 살아가는 성도들이 되십시오.

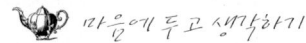 마음에 두고 생각하기

하나님을 등지거나 배반해야 느낄 수 있는 기쁨에 마음을 빼앗기고 있지는 않습니까? 금욕적인 삶이 거룩함이라고 착각한 채, 하나님께서 주신 기쁨을 외면하며 살고 있지는 않습니까? 작은 일에 기뻐할 수 있는 사람이 큰 일에도 기뻐할 수 있습니다. 인생의 소소한 행복에 감사할 줄 모르는 사람이, 하나님 때문에 얻는 신령한 기쁨을 과연 제대로 누릴 수 있을까요?

진정한 누림은
언제나 절제 속에서 이루어집니다

"오직 나그네를 대접하며 선을 좋아하며 근신하며 의로우며 거룩하며 절제하며"(딛 1:8).

삶 속에 부여된 자원을 누리며 그 자원을 통해 기쁨을 얻는 것은 하나님께서 허용하신 일입니다. 그러면 과연 어느 정도까지 그것을 즐기는 것이 옳을까요?

기쁨 그 자체는 죄가 되지 않지만, 기쁨을 깊이 탐닉하다 보면 우리의 부패한 본성과 연루되어 마음에 부패를 가져옵니다. 따라서 누리되 적절한 긴장과 절제 속에서 누려야 합니다.

유럽의 경우 아주 보수적인 신앙을 가지고 있음에도 담배 피는 것에 대해 자유로운 사람이 많습니다. 로이드 존스 D. M. Lloyd-Jones 목사도 상당한 애연가였는데, 어느 날 갑자기 그것을 끊었습니다. 늘 입에 물고 있던 여송연이 보이지 않자, 사람들이 이유를 물었습니다. 그 때 로이드 존스 목사는 이렇게 대답했습니다. "여송연을 입에 물고 성경 연구를 하곤 했는데, 어느 날 서랍을 열어 보니 때마침 다 떨어졌더군요. 금방 구할 수도 없는 상황이었는데 말이지요. 그런데 그 때부터 이유 없이 어찌나 불안하던지, 그제야 내가 얼마나 담배에 길들여져 있는지 깨달았습니다."

로이드 존스 목사는 참된 누림은 절제 속에서 이루어진다는 사실을 알고 있었던 것입니다. 즉 아무리 내가 좋아서 하는 행동이라 할지라도, 그것이 정도를 넘으면 내가 그것을 누리는 것이 아니라 그것이 나를 좌지우지하게 된다는 것을 말입니다.

많은 것을 누리고 즐기며 살아가는 것은 잘못된 것이 아닙니다. 흔히 풍족하게 누리며 다양한 것을 즐기는 사람들을 보며, 탐욕적인 삶이라고 정죄하는 경우가 있는데 이것은 버려야 할 태도입니다. 누리고 즐기는 것 자체는 잘못된 것이 아닙니다. 절제 없이 정도를 벗어나지만 않는다면 말입니다.

북미에서 유적을 탐사하던 탐사단이 한 오지에서 광부들이 기거했던 것으로 보이는 오두막집을 발견했습니다. 오두막집 안에는 두 개의 해골과 함께 많은 금이 쌓여 있었습니다. 이 두 광부는 왜 이처럼 많은 금을 가지고도 오지의 초라한 오두막에서 죽었을까요?

탐사단은 그 지역의 사정을 종합하여 다음과 같은 결론을 내렸습니다. "이들은 금을 캐는 데 정신이 팔려서 이 쪽 지방의 겨울은 다른 곳보다 일찍 온다는 사실을 잊었다. 그래서 겨울이 오기 전에 빨리 이 곳을 떠났어야 함에도 불구하고, 엄청난 눈보라가 닥칠 때까지 계속해서 금을 캤고, 결국 이 곳에서 금을 붙든 채 굶어 죽고 말았다."

결국 중요한 것은 우리 안에 있는 마음의 작용입니다. 우리는 그리스도 외에 그 무엇에도 그렇게 매여서는 안 됩니다. 그것이 죄가 아니라고 할지라도, 절제 없이 행할 때 그것은 언젠가 나를 옭아매고 나의 주인이 되려 할 것입니다.

그렇게 될 때 우리는 기쁨을 얻기는커녕 오히려 고통 속에 기쁨을 상실하고 말 것입니다. 하나님께서 여러분에게 주신 삶을 참된 기쁨으로 누리기를 바랍니다. 그러나 거기에는 반드시 절제가 함께여야 함을 잊지 마십시오.

여러분은 어떻습니까? 여러분의 누림에는 적절한 절제가 동반되고 있습니까?

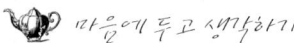 마음에 두고 생각하기

얼마나 풍족한 자원을 누리는가보다 중요한 문제는 우리의 마음이 어떠한가입니다. 절제되지 않은 누림은 욕심일 뿐입니다.

축복 너머에 있는 하나님의 마음을 읽을 때 영적인 유익이 있습니다

"각양 좋은 은사와 온전한 선물이 다 위로부터 빛들의 아버지께로서 내려오나니
그는 변함도 없으시고 회전하는 그림자도 없으시니라"(약 1:17).

막역한 친구였던 이중섭 화가와 구상 시인의 일화입니다.

몸이 아파 병원에 입원하게 된 구상은, 만사 제쳐 두고 달려올 줄 알았던 이중섭이 오지 않자 무척 섭섭했습니다. 그렇게 며칠이 지난 어느 날, 드디어 이중섭이 병원에 찾아왔습니다. 너무나 반갑고 또 섭섭한 나머지 구상은 병상에서 벌떡 일어나 이중섭을 맞았습니다. "자네가 어떻게 이럴 수가 있나? 나는 다른 그 누구보다도 자네가 제일 먼저 달려올 줄 알았네." 친구의 물음에 이중섭은 아무 대답도 할 수 없었습니다. 대신 쭈뼛거리며 그림 한 장을 내밀 뿐이었습니다. 그 그림은 한 입 베어 물면 당장이라도 기운이 솟을 것처럼 탐스러운 천도복숭아였습니다. "왜, 이걸 먹으면 어떤 병이든지 낫는다고 하지 않아……."

당시 생계를 꾸려 나가기조차 힘든 무명 화가였던 이중섭. 과일 살 돈이 없어 망설이다가 걱정스러운 마음을 못 이기고 그림을 그려 가져온 이중섭을 보며, 구상은 천도복숭아를 먹은 것보다 더 시원하고 달콤한 행복을 느꼈습니다.

우리는 저마다 크고 작은 선물을 받곤 합니다. 그러나 선물 그 자

체보다 중요한 것이 그 안에 담긴 마음입니다. 따라서 보내 준 사람의 마음에는 관심 없이, 선물이 무엇인지에만 눈을 반짝이는 태도는 옳지 못합니다. 사실 이것은 본인 자신에게 가장 큰 비극입니다. 사람의 마음에 진정한 감동과 기쁨을 선사하는 것은 선물 그 자체가 아니라, 그 안에 담긴 마음이기 때문입니다.

선물 그 자체가 아니라 그 안에 담긴 주는 이의 마음을 바라보아야 참된 기쁨을 맛볼 수 있다는 이 원리는 하나님의 축복을 받을 때에도 그대로 적용됩니다.

하나님이 우리에게 많은 것을 풍성하게 허락하신다면, 그것은 분명 말할 수 없이 기쁜 일입니다. 그러나 곰곰이 생각해 보십시오. 우리를 정말 기쁘게 한 것이 무엇입니까? 우리의 필요를 채워 주시는 것을 보며, 하나님이 나를 사랑하신다는 것을 느꼈기 때문이 아닙니까? 하나님이 우리를 인정하시면 물질의 유무를 떠나 기쁨이 찾아오지만, 아무리 풍족하고 부유해도 하나님과의 관계가 제대로 되어 있지 않다면 괴롭고 불안할 수밖에 없습니다.

특별한 축복의 때를 보내고 있습니까? 시선을 축복 너머에 있는 하나님의 마음에 두십시오. 축복 자체에만 몰두한 사람은 축복이 와도 마음 놓고 기뻐할 수 없습니다. 그 축복이 사라지면 어쩌나 두렵기 때문입니다. 그러나 축복 너머에 있는 하나님의 마음을 읽는 사람은 전심으로 기뻐할 수 있습니다. 현재 누리는 축복도 축복이지만 그 속에 담긴 하나님의 배려와 사랑과 계획이 말할 수 없는 만족과 기쁨이 되기 때문입니다.

우리 삶에 주시는 모든 것들을 통로로 삼아 그 너머에 있는 하나님의 마음을 읽기 바랍니다. 그 때 우리는 알게 될 것입니다. 그것들은 모두 수단일 뿐이고, 그 너머에서 나를 긍휼히 여기시고 사랑하시는 하나님의 마음을 말입니다. 그 마음을 읽을 때 우리에게 참으로 놀라운 영적 유익이 있게 될 것입니다.

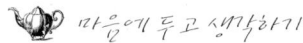 마음에 두고 생각하기

축복을 누리는 바른 태도는 '내가 누리는 이 모든 것들은 기쁨의 수단일 뿐, 진정한 기쁨의 원천은 이것들이 아니라 이것들을 나에게 보내어 주신 하나님 자신임'을 아는 것입니다.

신자의 기쁨의 원천은 오직 하나님입니다

"주께서 생명의 길로 내게 보이시리니 주의 앞에는 기쁨이 충만하고 주의 우편에는 영원한 즐거움이 있나이다"(시 16:11).

철학자 키에르케고르Søren Aabye Kierkegaard는 세상의 기쁨과 하나님으로 말미암는 기쁨의 차이를 이렇게 설명했습니다.

"캄캄한 시골길을 한 농부가 등불을 켜고 마차를 몰고 간다. 불행히도 이 농부는 마차에 켜 놓은 등불 때문에 아름답게 빛나는 밤하늘을 보지 못한다. 세상에서 누리는 즐거움, 세상 사람들이 말하는 즐거움은 그것이 고급한 즐거움이든 저급한 즐거움이든 간에 이 농부가 마차에 켜고 다니는 등불과 같은 것이다."

세상에는 한없이 많은 즐길 거리가 있습니다. 우리 눈에 좋아 보이는 것들도 부지기수입니다. 그러나 그 모든 것들이 줄 수 있는 기쁨도 사실 하나님으로 말미암는 영혼의 기쁨에 비교한다면 조악한 모조품일 뿐입니다.

그래서 시편 기자는 "주께서 내 마음에 두신 기쁨은 저희의 곡식과 새 포도주의 풍성할 때보다 더하나이다"시 4:7라고 고백합니다. 집에 곡식이 쌓여 있고, 맛 좋은 포도주가 항아리마다 가득한 것도 더할 나위 없이 기쁜 일이지만, 하나님께서 만나 주실 때의 기쁨과는 비교할 수 없다는 것입니다.

참된 기쁨은 오직 하나님에게만 있습니다. 그러므로 참된 기쁨의 삶을 원한다면 하나님과의 관계를 바르게 해야 합니다. 잘못한 것이 있다면 회개하고, 다시 하나님과의 깊은 사랑의 관계로 돌아가야 하는 것입니다.

하나님은 언제나 우리를 기다리고 계십니다. 사실 떠나고 토라지고 변하는 것은 언제나 우리입니다. 하나님은 언제나 그 자리에 계십니다. 하나님의 사랑을 말할 때 우리가 눈물 흘리지 않을 수 없는 이유가 바로 이것 아닙니까?

누가복음 15장의 탕자의 비유를 기억해 보십시오. 아들은 먼 나라에 가서 허랑방탕한 생활을 하다가 거지 꼴로 아버지의 집으로 돌아옵니다. 그 때 아버지는 동네 입구까지 나와 맞아 줍니다. 언제 오겠다고 약속한 것도 아니고, 미리 연락을 한 것도 아닌데, 아버지는 '혹여나 오늘 돌아오지 않을까?' 하는 마음으로 애태우며 그 자리를 지켰던 것입니다.

우리의 하나님 아버지도 언제나 우리를 기다리시는 분입니다. 우리는 돌아가기만 하면 되지, 아버지의 행방을 수소문해서 찾을 필요는 없습니다. 언제나 일관성 있는 태도로 우리의 영혼은 사랑해 주시되 우리의 죄는 질책하시는 하나님이시기에, 우리는 그저 회개하고 돌아가면 되는 것입니다.

탕자의 비극은 기쁨의 도구와 원천을 잘 분별하지 못하고 도구에 탐닉하다가 원천을 잊어버린 것이었습니다. 여러분은 어떻습니까? 기쁨의 도구와 원천을 잘 분별하고 있습니까? 도구를 아무리 잘 활용

한다고 할지라도 원천과의 관계가 회복되지 않으면 기쁨의 삶을 살 수 없습니다. 하나님과의 관계를 바르게 하여, 그 안에서 참된 기쁨을 누리는 복된 성도들이 되십시오.

마음에 두고 생각하기

하나님만이 기쁨의 근원이 되시고 원천이 되시는 분입니다. 그러므로 기쁘게 살기 원한다면, 상황의 개선보다 먼저 기쁨의 원천이신 하나님과의 관계를 올바르게 하여야 합니다.

하나님이 기쁨의 근원이시기에, 하나님과의 관계 개선 없이 참된 기쁨을 경험할 수는 없습니다

"나는 여호와를 인하여 즐거워하며 나의 구원의 하나님을 인하여 기뻐하리로다"(합 3:18).

학창 시절 매우 무서운 영어 선생님이 한 분 계셨습니다. 숙제를 안 해온 학생이 있으면 매를 드셨는데, 얼마나 호되게 때리셨는지 웬만한 체벌은 무서워하지 않던 학생들도 벌벌 떨었습니다.

아마도 대부분의 사람들에게 이런 무서운 선생님에 대한 기억이 있을 것입니다. 그러면 한번 그 무서운 선생님의 수업 시간이라고 가정하고, 숙제를 안 해온 학생의 입장에서 생각해 봅시다.

그 마음이 어떻겠습니까? 하루 종일 그 수업이 다가오는 것을 공포에 떨며 기다렸을 것입니다. 그런데 드디어 그 시간이 왔는데, 그 날따라 선생님이 기분이 좋으셨는지 숙제 검사를 하지 않고 레크리에이션 시간을 갖자고 하십니다. 순간 안도의 한숨이 나옵니다. '다행이다. 오늘은 숙제 검사를 안 하시려나 보다.'

하지만 선생님은 태연하게 이렇게 말씀하십니다. "우리 신나게 놀고, 그 다음에 숙제 검사해서 맞을 사람은 맞고, 집에 갈 사람은 가자." 이럴 경우 그 시간이 아무리 재미있게 진행된들 숙제 안 해온 학생에게 그 시간이 즐겁겠습니까? 차라리 먼저 맞고 게임을 하고 노는 것이 낫지, 그 시간이 오히려 고역일 것입니다.

맞을 일이 기다리고 있기에 눈앞에서 아무리 신나는 광경이 펼쳐져도 맘 편히 웃을 수 없는 숙제 안 해온 학생과 같은 성도들을 저는 목회의 현장에서 종종 봅니다. 그들은 스스로 최면을 걸 듯 "할렐루야! 기뻐합시다."라고 말합니다. 그러나 기쁨은 그렇게 한다고 오는 것이 아닙니다.

지금 하나님을 매우 속상하게 해 드리고 있다는 것이 양심에 느껴지는데, 현재 제법 좋은 환경에 있다고 해서 무턱대고 즐거울 수 있겠습니까? 오히려 현재 편안하기에 더 불안하고 두렵지 않을까요? 즉 하나님과의 관계가 올바르지 못한 성도들은 그 어떤 기쁨의 도구가 인생 중에 주어져도 온전히 그것을 누릴 수가 없는 것입니다.

영원히 마르지 않는 기쁨의 샘인 하나님 자신으로부터 나오는 온전한 기쁨을 맛보고 있습니까? 하나님으로 인한 기쁨과 만족은 물질의 풍요나 인생의 형통함 가운데 느끼는 만족과 비교할 수 없이 큽니다. 하나님과의 관계 회복이야말로 참된 기쁨의 삶으로 돌아가는 가장 확실한 통로임을 잊지 마십시오.

마음에 두고 생각하기

하나님은 기쁨의 조건이 아니라 기쁨 그 자체입니다. 하나님을 생각만 해도 마음이 기쁩니까? 신앙은 형식일 뿐, 마음은 여전히 피폐하고 메마른 상태인 것은 아닙니까? 기쁨의 원천인 하나님과의 관계를 회복하고 진정으로 하나님을 기뻐할 수 있을 때, 인생에 주어진 각양 선물들에 대해서도 진정으로 기뻐할 수 있습니다.

덕스럽고 좋은 행동은 우리의 마음에 가득 찬 기쁨으로부터 흘러나옵니다

"복 있는 사람은 악인의 꾀를 좇지 아니하며 죄인의 길에 서지 아니하며
오만한 자의 자리에 앉지 아니하고 오직 여호와의 율법을 즐거워하여
그 율법을 주야로 묵상하는 자로다"(시 1:1-2).

기쁨의 자리는 어디일까요? 시편 기자는 "주께서 내 마음에 두신 기쁨은 저희의 곡식과 새 포도주의 풍성할 때보다 더하니이다." 시 4:7라고 고백했습니다. 즉 성경은 기쁨의 자리가 인간의 마음이라고 말하고 있는 것입니다.

마음은 수많은 행동들을 만들어 내는 공장과 같은 곳입니다. 공장이 최신 장비로 갖추어져 있고, 에너지 또한 충분해 활발하게 가동되고 있다면, 말할 것도 없이 좋은 제품들이 쏟아져 나올 것입니다. 마찬가지로 우리의 마음이 선함과 기쁨으로 가득 차 있을 때에는 훌륭하고 덕스러운 행동들이 쏟아져 나옵니다. 그러나 우리의 마음에 기쁨이 사라지고, 불만족과 고통과 슬픔만이 가득하게 되면 시기, 질투, 원망 등 아름답지 못한 태도들만이 쏟아져 나옵니다. 따라서 우리는 가능한 한 기쁨이 우리의 마음을 가득 채우도록 노력해야 합니다.

겉으로만 보면 하나님의 일을 하고 있는 사람은 모두 거룩하고 아름다워 보입니다. 그러나 실제로 그들의 내면 세계를 들여다보면 천차만별입니다. 의무감 때문에 어쩔 수 없이 하고 있는 사람이

있는가 하면, 마음속에서 솟아나는 기쁨 때문에 콧노래를 부르며 하나님을 섬기는 사람이 있습니다. 전자의 사람들은 생각의 창의성이 없이 그저 남이 하던 대로 일하지만, 후자의 사람들은 항상 어떻게 하면 더 잘할 수 있을까 고민하며 놀라운 창의성을 발휘합니다. 기쁨이 있으니까 창의성이 있고, 창의적으로 일하니까 더욱 즐거워지는 것입니다.

여러분의 삶은 어떻습니까? 삶에 불만족이 가득하고, 하고 있는 일이 늘 아쉬운 결과만을 낳고 있지는 않습니까? 지금 여러분이 점검해야 할 것은 마음이라는 공장의 상태입니다.

기쁨이 가슴 속에서 샘솟고 있는 사람들은 쉽게 지치거나 절망하지 않습니다. 어려운 상황에서도 여유가 있고, 자신감이 넘칩니다. 그래서 주위 사람과 다투거나 갈등하지 않습니다. 그리고 그 결과 덕스럽고 좋은 행동과 아름다운 열매들로 가득한 삶을 살아갑니다.

마음에 두고 생각하기

마음속에 기쁨이 가득한 사람에게서는 덕스러운 행동들이 끊임없이 솟아납니다. 즉 하나님과 올바른 관계 속에서, 하나님 자신을 즐거워하며 살아가는 사람들은 필연적으로 덕스러운 삶을 살아가기 마련인 것입니다. 넓은 아량과 부드러운 태도와 덕스럽고 좋은 행동은 마음에 기쁨이 가득 찬 결과입니다.

신자의 기쁨의 삶은 참된 기쁨을 잃어버린 세상을 위해서도 꼭 필요합니다

"이는 너희가 흠이 없고 순전하여 어그러지고 거스리는 세대 가운데서 하나님의 흠 없는 자녀로 세상에서 그들 가운데 빛들로 나타내며"(빌 2:15).

사람들은 모두 우울하고 고통스러운 삶을 멀리하기 원합니다. 그러나 실제로 기쁘고 행복한 삶을 누리는 사람은 그리 많지 않습니다. 대부분의 사람들이 자신의 바람과는 다른 삶을 살고 있는 것입니다. 이것은 신자의 경우도 마찬가지로, 하나님을 믿는다고 해서 모두 기쁨의 삶을 사는 것은 아닙니다.

그렇기에 신자는 자신의 행복을 위해 자신이 어떻게 해야 하는지 탐구할 필요가 있습니다. 사실 신자가 기쁨의 삶을 살아가는 일은 자기 자신을 위해서도 필요하지만 자기 주변의 다른 사람들을 위해서도 꼭 필요한 일입니다. 신자가 넘치는 기쁨의 삶을 살아야, 세상의 많은 사람들이 그 기쁨에 찬 삶을 보며 기쁨이 없는 자신의 삶에 회의를 느끼고, 우리의 기쁨의 근원이신 하나님을 향해 눈길을 돌릴 것이기 때문입니다.

그래서 C. S. 루이스C. S. Lewis는 "기쁨은 진지한 천국의 사업이다."라고 말했습니다. 즉 우리는 하나님을 기쁨으로 삼은 사람의 행복을 세상에 보여 주어야 하는 존재인 것입니다.

여러분, 우리는 하나님께서 이 세상에 보내신 한 통의 편지입니다. 예수님께서 하나님 아버지의 성품을 당신의 삶을 통해 우리에게 드러내신 것처럼, 우리도 하나님을 인생의 주인 삼은 자의 기쁨을 스스로 인생에 주인 된 세상 사람들에게 드러내 보여야 합니다.

따라서 우리가 하나님이 우리에게 주시는 기쁨을 충만하게 누리며 하루하루를 감사와 찬양으로 살아가는 것은 우리의 권리일 뿐 아니라 의무입니다. 우리 자신을 위한 일일 뿐 아니라, 세상을 위해서도 꼭 필요한 일인 것입니다.

기쁨의 삶을 살아가며, 자신은 물론 다른 사람들까지 복되게 하는 존재가 되지 않겠습니까?

마음에 두고 생각하기

하나님으로 말미암아 기뻐하며 행복하게 살아가는 것, 이것은 신자의 권리이자 의무입니다. 신자는 천국의 기쁨을 세상에 보여 주기 위해 하나님께서 세상에 보낸 편지이기 때문입니다. 자신의 삶을 돌아보십시오. 여러분의 삶을 바라보며 세상은 무엇을 느끼고 있습니까? 세상의 많은 사람들이 여러분의 기쁨에 찬 삶을 보며 기쁨이 없는 자신의 삶에 회의를 느끼고, 기쁨의 근원이신 하나님을 향해 눈길을 돌리고 있습니까?

하나님을 기뻐하는 것이
신자의 최고의 미덕입니다

"비록 무화과나무가 무성치 못하며 포도나무에 열매가 없으며 감람나무에 소출이 없으며
밭에 식물이 없으며 우리에 양이 없으며 외양간에 소가 없을지라도
나는 여호와를 인하여 즐거워하며 나의 구원의 하나님을 인하여 기뻐하리로다"(합 3:17-18).

신자의 삶에서 최고의 미덕은 하나님을 기뻐하는 삶입니다. 한 사람의 신자가 하나님 자신을 기뻐할 때, 하나님이 그를 통해 가장 크게 기쁨을 얻으시기 때문입니다. 사실 하나님을 기뻐한다는 것은 하나님을 사랑한다는 것과 같은 말입니다. 사랑의 두 가지 특성이 기쁨과 소중히 여김이기 때문입니다. 즉 사랑하지 않을 때는 아주 하찮게 생각하는 것을 사랑을 하면 매우 소중하게 여기게 되고, 동시에 그것을 한없이 기뻐하게 되는 것입니다.

여러분이 소중히 여기고 기뻐하는 것은 무엇입니까? 하나님을 사랑한다고 하면서, 정작 하나님 자신보다는 다른 것에서 더 많은 기쁨을 얻고 있지는 않습니까?

신자가 빠지기 쉬운 착각 하나는 하나님이 아니라 하나님이 주신 것들을 기뻐하면서, 하나님을 기뻐하고 있다고 믿는 것입니다. 하나님을 기뻐하지 않고, 하나님이 주신 것들만 기뻐할 수 있습니다. 하나님은 사랑하지 않고, 하나님이 주신 것들만 사랑할 수 있습니다. 그러므로 우리는 매순간 우리가 기뻐하고, 사랑하고 있는 대상이 하나님 자신인지를 점검해야 합니다.

하나님이 주신 것들로부터 얻는 기쁨은 찰나적인 것이지만, 하나님 자신으로부터 얻는 기쁨은 영원합니다.

사랑하는 여러분! 찰나적인 기쁨에 현혹되어 영원한 기쁨을 잃어버리는 어리석은 신자가 되지 마십시오. 하나님 이외의 다른 것들로 인한 기쁨은 결코 오래가지 않습니다.

너무나 많은 사람들이 신앙을 갖고 있음에도 불구하고, 본질보다는 비 본질에 얽매여 있습니다. 하나님의 자녀가 되었다는 궁극적인 기쁨보다는 하나님의 자녀이므로 무조건 만사 형통할 것이라는 허황된 기대를 붙들려 하고, 하나님 자신보다는 하나님이 주시는 다양한 복들에 집착하고 있는 것입니다.

그러나 신자의 삶이란 결코 그런 것이 아닙니다. 신자는 하나님을 사랑하는 것이 인생의 이유이고, 목적이 된 사람들입니다. "비록 무화과나무가 무성치 못하며 포도나무에 열매가 없으며 감람나무에 소출이 없으며 밭에 식물이 없으며 우리에 양이 없으며 외양간에 소가 없을지라도 나는 여호와를 인하여 즐거워하며 나의 구원의 하나님을 인하여 기뻐하리로다" 합 3:17-18라고 고백할 수 있어야 하는 것입니다.

마음에 두고 생각하기

하나님을 기뻐하는 것이 신자의 최고의 미덕인 이유는 하나님을 기뻐한다고 하는 것은 곧 하나님을 사랑하는 것이기 때문입니다. 하나님은 기뻐하지 않고, 하나님이 주신 것만을 기뻐하는 것은 엄밀한 의미에서 하나님을 향한 배반 행위입니다.

하나님의 기쁨은
생명의 역사를 불러일으킵니다

"왕의 희색에 생명이 있나니 그 은택이 늦은 비를 내리는 구름과 같으니라"(잠 16:15).

세상이 정말로 필요로 하는 사람은 어떤 사람일까요? 세상을 구할 수 있는 사람은 유능한 사람도, 정의로운 사람도, 지식이 많은 사람도 아닙니다. 그저 하나님을 기뻐하는 사람입니다. 하나님의 기쁨이야말로 세상이 누릴 수 있는 최고의 축복이요, 세상이 필요로 하는 최고의 선물인데, 하나님을 기뻐하는 사람만이 하나님을 기쁘시게 할 수 있기 때문입니다.

성경은 이 진리를 다음과 같이 표현합니다. "왕의 희색에 생명이 있나니 그 은택이 늦은 비를 내리는 구름과 같으니라" 잠 16:15.

한번 상상해 보십시오. 큰 잘못을 하고 왕 앞에 끌려갔습니다. '이젠 죽은 목숨이구나.' 하고 있는데, 왕이 자애로운 음성으로 "고개를 들라."라고 말씀하십니다. 마지못해 고개를 들었는데, 무슨 좋은 일이 있었는지 왕이 만면에 웃음이 가득한 얼굴로 바라보고 있는 것이 아닙니까? 그 때 어떤 마음이 들겠습니까? '아! 살았구나.' 절로 안도의 한숨이 나올 것입니다.

실제로 이런 경험을 한 사람이 에스더입니다. 당시 왕이 부르지 않았는데 왕 앞에 나아가면 죽임을 당하는 법이 있었습니다. 그러나 에스더는 '죽으면 죽으리라.' 라는 마음으로 왕 앞에 나아갔습니다. 다행히도 그 때 왕의 마음에 기쁨이 가득했습니다. 결국 에스더는 유대 민족이 큰 구원을 얻는 은혜로운 역사의 주역이 되었습니다.

불과 한 나라의 권력을 가진 왕의 기쁨도 놀라운 특혜를 가져오는데, 하물며 하나님의 기쁨은 어떻겠습니까? 모든 힘의 근원이요, 모든 것을 주관하시는 하나님이 우리를 향해 활짝 웃어 주십니다. 그야말로 세상을 다 가진 것 아닙니까?

사랑하는 여러분! 하나님을 기뻐하는 사람만큼 강한 사람은 없습니다. 하나님을 기뻐하는 사람은 하나님을 기쁘게 해드릴 수 있는 사람이기 때문입니다.

오늘 하루도 하나님의 얼굴에 희색이 만연하도록 만드는 삶을 살아갑시다. 하나님의 기쁨에 생명이 있으므로……

마음에 두고 생각하기

우리가 구원받은 유일한 이유는 하나님께서 그 일을 기뻐하셨기 때문입니다. 따라서 우리는 하나님의 기쁨에 기여하며 살아야 마땅합니다. 지금 여러분은 하나님께 기쁨이 되고 있습니까? 하나님을 기쁘시게 하는 일보다 더 크고 중요한 일은 없습니다. 하나님의 기쁨이야말로, 생명의 역사의 원동력이기 때문입니다.

하나님이 기뻐하시는 사람은
생명의 역사를 일으키면서 삽니다

"주의 구원의 즐거움을 내게 회복시키시고 자원하는 심령을 주사 나를 붙드소서 그러하면 내가 범죄자에게 주의 도를 가르치리니 죄인들이 주께 돌아오리이다"(시 51:12-13).

우리는 모두 하나님과 원수 되었던 존재들이었습니다. 그것도 처음부터 끝까지 철저하게 하나님을 향해 속속들이 반감과 대적하는 감정으로 가득 찬 원수 맺은 사이였습니다. 그 때 우리에게는 생명이 없었습니다. 영혼이 어두움에 굳게 붙잡혀 지성은 눈멀고, 감정은 충동에 의해 움직이며, 의지는 헛된 것에 굴복하였습니다. 아무 희망도, 아무 생명도 없는 존재였던 것입니다.

그러나 하나님께서는 생명이신 하나님을 멀리 떠난 채, 절망적인 인생을 살아가고 있던 우리를 불러 회개시키셨습니다. 복음이 들리게 하셨고 믿어지게 하셨습니다. 우리보다 훨씬 더 올바르게 살아가는 것처럼 보이는 사람도 많았고, 우리보다 더 선하고 지식이 많은 사람도 많았는데, 이상하게도 하나님께서 나를 구원하셔서 하나님의 자녀가 되는 것을 기뻐하셨습니다.

왜 그렇게 하셨는지, 그 큰 은혜로 구원받았음에도 불구하고 이렇게 온전하게 살지 못하는 미력한 우리의 구원을 대체 왜 기뻐하셨는지 지금은 아무도 대답할 수 없습니다. 하지만 우리가 분명히 알 수 있는 것이 하나 있습니다. 바로 하나님이 우리를 위해 생명을 버리신 예수 그리스도의 희생을 기뻐하셨기에, 그 희생의 공로로 우리가 구원을 받을 수 있었다는 것입니다.

사랑하는 여러분! 여러분 주변에 하나님의 생명의 역사를 필요로 하는 사람들이 있습니까? 아직 구원받지 못한 가족이나 예수 그리스도를 거절하는 친구들이 있습니까? 그들에게 새 생명을 전하기 원한다면 먼저 여러분이 하나님을 기쁘시게 하는 존재가 되어야 합니다. 여러분 안에 먼저 하나님으로 인한 기쁨이 넘쳐야 하는 것입니다.

19세기 영국 런던의 유명한 설교자 알렉산더 맥클라렌Alexander MacLaren 목사의 일화 중에 이러한 이야기가 있습니다. 유명한 무신론자 한 사람이 교회를 찾았습니다. 매우 반갑게 여긴 맥클라렌 목사는 4주에 걸쳐, 예배 때마다 그 무신론자 위주로 기독교의 기본 진리들을 자세히 가르쳤습니다. 드디어 4주 후, 그 무신론자는 맥클라렌 목사를 찾아와 세례를 받겠다고 말했습니다. 맥클라렌 목사는 대단히 기뻐하며 물었습니다. "기독교의 진리 중 어떤 교리에 감동을 받아서 예수를 믿게 된 것입니까?"

그러자 무신론자는 이렇게 대답했습니다. "목사님의 가르침이 제게 큰 도움이 된 것은 사실입니다. 그렇지만 제가 예수 믿기로 결단한 결정적 계기는 할머니 한 분 때문이었습니다. 4주 전 제가 처음 교회에 나오게 된 것은 교회 앞에서 얼굴에 기쁨이 가득한 할머니 한 분을 만났기 때문입니다. 그 분이 걷기를 불편해 하시기에, 부축해 드렸더니 제게 이렇게 말씀하시더군요. '선생님, 제 구주이신 예수님을 아세요? 그분은 제 인생의 전부세요. 선생님도 그분을 사랑하실 수 있으시면 정말 좋겠습니다.' 그 날 저는 그 할머니와 나란히 앉아 예배를 드렸습니다. 지금도 저는 그 할머니의 그 행복한 얼굴과 말을 잊을 수가 없습니다."

여러분은 만나는 사람들에게 무엇을 전하고 있습니까?

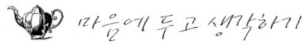

우리가 하나님을 기뻐할 때, 우리의 주변 사람들이 우리를 통해 생명을 얻게 되고 더욱 풍성히 누리게 됩니다.

아무리 대단한 인생일지라도, 하나님이 기뻐하시지 않는 삶이라면 사나마나한 인생입니다

"네 하나님 여호와께서 너와 네 집에 주신 모든 복을 인하여
너는 레위인과 너의 중에 우거하는 객과 함께 즐거워할지니라"(신 26:11).

한 시대를 풍미한 최고의 여배우 마릴린 먼로Marilyn Monroe는 이런 말을 했습니다. "나는 한 여성이 가질 수 있는 모든 것을 가졌습니다. 나는 젊고 아름다우며, 돈도 많고, 사랑에 굶주리지도 않았습니다. 누구보다도 건강하고 부족한 것이 없습니다. 미래에도 그렇게 살 수 있을 것이라고 확신합니다. 그런데 웬일일까요? 나는 너무나도 공허하고 불행합니다."

결국 마릴린 먼로는 1962년 어느 날 밤 "나의 인생은 파장하여 문 닫는 해수욕장과 같다."는 글을 남기고 생을 마감하고 말았습니다. 이것이 바로 하나님 없는 인생의 비극입니다.

세상에서 아무리 큰 성공을 거둔다 해도, 하나님 없는 인생이라면 헛될 뿐입니다. 인생의 마지막 순간, 그가 깨닫게 되는 것은 모든 것이 부질없다는 사실 하나일 것이기 때문입니다.

무신론자로 유명한 프랑스 철학자 볼테르는Voltaire "100년만 지나면 하나님을 믿는 미신가는 이 지구상에 한 사람도 없게 될 것이다."라고 호언장담했습니다. 그런데 하나님을 믿는 사람들을 어리석고 한심하게 여기던 그가 자신에 인생에 대하여 뭐라고 썼는

지 아십니까? 그의 무신론의 종착지는 '나는 태어나지 않았어야 한다.'였습니다.

세상에서 이루어야 할 일이 너무 많아서, 하나님을 기뻐할 시간이 없습니까? 우리가 이 세상에서 해야 하는 가장 중요한 일은 하나님을 기뻐하는 것입니다.

하나님을 기뻐하며 하나님의 기쁨이 되어 드리는 것, 그것보다 더 대단한 일은 없습니다.

지금 여러분은 무엇에 몰두하고 있습니까? 아무리 대단한 업적을 이룩하더라도, 하나님이 기뻐하시지 않는 인생이라면 그것은 사나마나한 인생입니다. 인생의 마지막 순간, 그를 기다리는 것은 허무뿐일 것이기 때문입니다. 하나님을 기뻐하며, 후회없는 인생을 살아가시기 바랍니다.

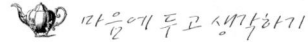 마음에 두고 생각하기

"내 하나님이 아닌 모든 부는 내게 빈곤이다."라는 아우구스티누스(A. Augustinus)의 고백을 묵상해 보십시오. 하나님과 무관한 가치에 인생을 낭비하고 있지는 않습니까? 중요한 것은 세상이 어떻게 보느냐가 아니라, 하나님이 어떻게 보시느냐입니다.

하나님의 기쁨이 되는 사람의 인생이라고 항상 형통한 것은 아닙니다

"너희 믿음의 시련이 불로 연단하여도 없어질 금보다 더 귀하여
예수 그리스도의 나타나실 때에 칭찬과 영광과 존귀를 얻게 하려 함이라"(벧전 1:7).

축복 기도에 자주 등장하는 단어 중 하나가 '형통'입니다. '형통하다'는 히브리어로 '찰레아흐' צָלֵחַ로, '번성하다' 또는 '성공적이다'란 말로 번역할 수 있습니다. 실제로 국어사전에서 '형통'은 '모든 일이 뜻과 같이 잘되어 감'이라고 풀이하나되어 있습니다.

모든 일이 뜻대로 잘 되어 가는 삶, 누구나 꿈꾸는 인생이 아닐 수 없습니다. 그러나 이런 인생을 살아가는 사람이 몇이나 될까요?

흔히 "예수 잘 믿으면 복을 받는다."라고 말합니다. 그러나 신앙생활을 열심히 한다고 형통한 삶이 보장되는 것은 아닙니다. 하나님이 기뻐하시는 사람의 인생이라고 해서 항상 형통한 것은 아닙니다.

인생에 있어서 고난은 하나님이 기뻐하시는 사람이든 하나님이 기뻐하시지 않는 사람이든 누구나 마주하게 되는 고비입니다. 따라서 어떻게 그것을 피해갈 것인가를 생각하기보다는, 어떻게 그것을 이겨 낼 것인가를 고민하는 것이 옳습니다.

하나님이 기뻐하시는 사람은 고난의 때에도 남다릅니다. 아니 오히려 고난의 때에 더 빛이 납니다. 마치 연주곡이 절정으로 치달

아 연주가 강해질수록 악기가 더 아름다운 소리를 쏟아 내듯, 인생도 거센 시련이 몰아칠 때 더욱 아름답게 빛납니다.

그래서 교회의 역사를 보면 수많은 찬송가들이 가장 고통스런 시기에 쓰였습니다. 하나님의 백성을 백합화 같다고 하는 것도 가시에 찔리면 찔릴수록 더욱 진한 향기를 발하기 때문입니다.

형통하게 하시는 은혜보다 더욱 놀라운 은혜가 형통하지 않음에도 불구하고 하나님을 기뻐할 수 있게 하신 은혜입니다. 따라서 형통할 때에는 형통함을 감사하고, 형통하지 않을 때에는 형통하지 않음을 감사해야 합니다.

하나님은 내게 무엇이 필요한지, 어떤 것이 적당한지 잘 알고 계십니다. 따라서 정말 좋은 것은 내가 보기에 좋은 것이 아니라, 하나님께로부터 온 것입니다.

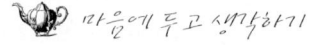
마음에 두고 생각하기

하나님의 기쁨이 되는 사람의 인생이라고 해서 항상 형통한 것은 아닙니다. 그러나 하나님의 기쁨이 되는 사람은 형통하나 그렇지 않으나 상관없이, 언제나 하나님을 기뻐합니다. 고난이 사랑하기 때문에 주신 것임을 알기 때문입니다.

인생에서 중요한 것은 무엇을 하였는가가 아니라 하나님께 어떠한 존재였는가입니다

"육신에 있는 자들은 하나님을 기쁘시게 할 수 없느니라"(롬 8:8).

하나님께 있어서, 행위보다 우선되는 것이 바로 존재입니다. 즉 어떤 행위를 하는가는 부차적인 것일 뿐, 어떠한 존재인가 하는 것이 정말 중요한 문제인 것입니다.

그런데 사람들은 어리석게도 존재보다는 행위에 더 신경을 쓰며 삽니다. '담배 피는 것은 죄일까, 아닐까?', '취하지 않을 정도로만 마시면 술을 마셔도 괜찮지 않을까?' 하는 고민 속에 담긴 것이 무엇이겠습니까? 존재보다는 행위로 신자의 모양을 갖추려는 시도요, 죄만 안 된다면 갈 수 있는 데까지 가 보겠다는 심보 아닙니까?

죄의 벼랑 바로 앞에서 아슬아슬하게 살아가는 사람은 결코 하나님을 기쁘시게 할 수 없습니다. '하나님을 슬프게 하지만 않으면 되는 거 아닌가?' 라고 생각하며 살아가는 사람과 '하나님을 기쁘게 하려면 어떻게 해야 할까?' 라고 생각하며 살아가는 사람의 삶은 천양지차일 수밖에 없습니다. '내가 주님을 위해 안 한 게 뭐가 있나?' 라는 생각과 '내가 주님을 위해 해 드리지 못한 것이 얼마나 많은가?' 라는 생각 사이에는 영혼의 건강함의 어마어마한 차이가 존재하기 때문입니다.

우리를 구원하신 하나님의 뜻은 겨우 죄 안 짓고 살아가는 데 있지 않습니다. 하나님이 바라시는 것은 '우리는 하나님이 계셔서 기쁘고, 하나님은 우리가 있어 기쁜 순전한 사랑의 관계'입니다. 지금 여러분의 삶은 하나님의 그 소원에 얼마나 부합하고 있습니까?

존재가 하나님의 기쁨이 되고 있지 못하다면, 그 어떤 행위로도 하나님을 만족시켜 드릴 수 없습니다. 따라서 인생의 어떤 자리에 처해 있든지, 일이나 상황에 몰두하지 마십시오. 어디에 있든지 무엇을 하든지, 그의 행위는 그의 존재를 능가할 수 없다는 것을 명심하십시오.

우리의 인생에서 정말 중요한 것은 무엇을 하였는가가 아니라 하나님께 어떠한 존재인가 하는 것입니다.

여러분은 어떠합니까? 하나님께 기쁨이 되는 존재입니까?

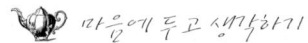
마음에 두고 생각하기

제왕의 면류관을 쓰고 주님의 마음에 슬픔을 주는 사람이 되는 것보다, 가난한 농부로 살아도 주님의 마음에 기쁨이 되는 사람이 되는 것이 훨씬 가치 있는 인생입니다. 전자는 잠시 있다 사라질 인생일 뿐이지만, 후자는 생명의 역사를 일으킬 수 있는 인생이기 때문입니다.

최고의 하나님께
기쁨이 되는 존재로 살아가는 것이
최고의 기쁨을 간직한 인생의 비결입니다

"그러므로 우리가 진동치 못할 나라를 받았은즉 은혜를 받자
이로 말미암아 경건함과 두려움으로 하나님을 기쁘시게 섬길지니"(히 12:28).

마음이 어둡고 슬플 때, 일이 잘 풀리지 않을 때, 지치고 힘들 때 스스로에게 묻는 질문이 있습니다. 바로 '하나님께 내가 기쁨이 되고 있을까?' 입니다. 이 질문과 함께 나 자신을 돌아보면 넘어진 부분이 보입니다. 때로는 하나님께서 나의 존재를 기뻐하신다는 표징을 보여 주시며 위로하기도 하십니다. 그럴 때면 언제 우울했나 싶을 정도로 금세 행복해집니다. 하나님이 나만 너무 사랑하시는 것 같아 가슴이 벅차 오릅니다.

하나님을 기뻐하고, 그분의 기쁨이 되며 살아가는 것이 얼마나 큰 행복인지 모르는 사람들이 너무나 많습니다. 정말 안타까운 일이 아닐 수 없습니다.

어떤 사람이 "무조건 내 재산의 반을 주겠다."고 약속을 했을 때, 그 사람이 부자인가 가난한 사람인가는 매우 중요합니다. 만약 백만장자가 그런 약속을 했다면 우리는 너무 흥분하여 잠을 이루지 못할 것입니다. 생각만 해도 얼굴에 웃음이 번지고, 이제 고생 끝, 행복 시작 아닙니까? 그런데 똑같은 약속을 돈 한 푼 없는 건달이 했다면, 그의 약속에 가슴이 뛰기는커녕 기대할 것도 없고 오히려

기분이 나쁠지도 모릅니다.

하나님은 어떤 분입니까? 우리를 기뻐하시는 분이, 그의 나라에 우리를 상속자로 삼겠다고 하시는 분이 누구입니까? 여러분에게 하나님은 때론 약속을 하고도 아무 것도 줄 수 없는 건달 같은 존재로 여겨지고 있지는 않습니까?

모든 만물을 지으시고 그 모든 것 위에 가장 높으신 하나님께 기쁨이 되는 존재로 살아가는 일은 여러분 자신에게도 생애 최고의 기쁨을 선사할 것입니다. 이제 그 무한한 기쁨을 누리시기 바랍니다.

 마음에 두고 생각하기

세상의 모든 것이 그 무엇을 준다고 해도 그 안에 참된 기쁨은 없습니다. 그러나 최고의 하나님, 최고라는 말로도 다 표현되지 않는 그분께 기쁨이 되는 삶은 우리에게 참된 기쁨을 가져다줍니다. 왜냐하면 모든 선함과 모든 부요함, 모든 기쁨의 근원이 하나님께 있기 때문입니다.

자기 사랑을 붙들고 살아가는 사람은 하나님을 기뻐할 수 없습니다
하나님을 기뻐한다는 것은 하나님의 모든 것을 받아들인다는 것입니다
하나님을 기뻐할 수 없는 것은 하나님 아닌 다른 사랑이 있기 때문입니다
하나님을 기뻐하는 신자의 존재 자체가 하나님께 기쁨이 됩니다
존재가 아름다워지면 소원도 아름다워집니다
하나님을 사랑한 사람만이 모든 것을 소유한 사람입니다
신자가 추구해야 할 기쁨은 헌신의 기쁨입니다
나 중심적인 사고로는 결코 헌신의 기쁨을 이해할 수 없습니다
하나님과 함께 기뻐하려면 하나님의 관점으로 바라보아야 합니다
진정한 기쁨은 하나님을 섬기는 삶 속에 있습니다

Rejoicing in the Lord

기쁨의 뿌리,
사랑과 헌신

자기 사랑을 붙들고 살아가는 사람은 하나님을 기뻐할 수 없습니다

"네가 이것을 알라 말세에 고통하는 때가 이르리니
사람들은 자기를 사랑하며 돈을 사랑하며 자긍하며 교만하며 훼방하며
부모를 거역하며 감사치 아니하며 거룩하지 아니하며"(딤후 3:1-2).

이 세상에서 우리가 하나님으로 인하여 기뻐하며 축복된 삶을 살게 하시는 하나님의 방법들이 있습니다. 그 가운데 하나는 자신의 성품을 따라 걸어가는 사람이 그릇된 길을 갈 때마다 한 번씩 방향을 틀어서 악한 길로 빠지지 않고 올바른 길로 가게 하시는 것입니다. 하지만 그보다 더 본질적인 일이 있습니다.

그것은 그 사람의 성품과 기질 속에 깃들어 있는 죄를 제거하심으로써 그렇게 자신의 성품을 따라 그려 가는 인생의 궤적이 올바르고 행복한 길이 되는 것입니다. 그것이 바로 하나님이 원하시는 것입니다. 그리고 하나님께서 사람을 통해서 인생을 새롭게 하시는 방법입니다. 그런데 만약 한 사람이 그 걸음 가운데 여전히 죄의 뿌리인 자기 사랑을 붙들고 살아간다면 하나님과 동행할 수 있을까요?

기독교 신앙이란 예수 그리스도를 향한 믿음을 바탕으로, 그 동안 자신의 삶을 지탱해 오던 자기 사랑을 버리고, 인생의 중심축을 하나님 사랑으로 재정립하는 것입니다. 이렇게 새롭게 정립된 하나님 중심의 삶에 끊임없이 자신의 인생을 합치시키며 살아가는

것이야말로 신자의 삶인 것입니다.

어느 책에선가 다음과 같은 이야기를 읽은 적이 있습니다. 깊은 밤, 어둠을 뚫고 항해하는 배 한 척이 있었습니다. 캄캄한 밤바다를 가르며 나아가는데, 멀리서 희미한 불빛이 하나 보였습니다. 배의 진행 방향이었기에, 선장은 신호수에게 '당신의 진로를 남쪽으로 10도 돌리시오.'라는 메시지를 보내도록 명령했습니다. 그런데 저쪽에서 '당신이 북쪽으로 10도 돌리십시오.'라는 답신이 돌아오는 것이 아닙니까? 선장은 상대방이 자신을 무시하는 것 같아 몹시 화가 났습니다. 그래서 진로를 바꾸지 않은 채, 희미한 불빛을 향해 정면으로 나아가며 다시 경고의 메시지를 보냈습니다. '당신의 진로를 남쪽으로 10도 돌리시오. 이 배는 매우 큰 전함이오. 부딪히면 당신의 작은 배는 가라앉고 말 것이오.' 그러자 저쪽에서 이런 메시지가 왔습니다. '당신의 배가 아무리 커도, 당신의 배가 진로를 바꾸어야 합니다. 나는 등대를 지키는 등대지기란 말이오.'

우리는 너무나 자주 이 이야기 속의 선장 같은 태도로 살아갑니다. 중요한 결정의 순간에 자기중심적인 생각에 사로잡혀, 하나님의 인도를 받아들이지 못하는 것입니다.

이렇게 자기를 고집하며, 자기 중심적인 사랑에 빠져 살아가는 사람들은 하나님 자신으로 말미암는 기쁨을 결코 누릴 수 없습니다. 인간은 원래 하나님을 사랑하든지 자기를 사랑하든지 둘 중에 하나만 사랑할 수 있는 존재이기에, 자기 자신을 사랑한다는 것은 하나님을 사랑하지 않는다는 것이기 때문입니다.

물론 중심축을 자기에게서 하나님으로 옮기지 않은 채, 자신으로서는 행복하게 살아갈 자원이 부족하기 때문에 그런 것들을 하나님으로부터 받아 보고자 기독교 신앙에 들어오는 사람도 있습니다. 그러나 그것은 종교생활을 하는 것이지, 참된 신앙생활을 하는 것이 아닙니다. 따라서 그러한 태도로는 평생을 교회 문턱이 닳도록 예배에 참석한다 할지라도, 하나님으로부터 말미암는 참된 기쁨을 경험할 수 없습니다.

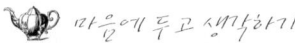
마음에 두고 생각하기

하나님을 향해 진정으로 회심한 사람, 그래서 그 하나님의 아름다움을 맛보는 사람, 그 사람들만이 하나님을 기뻐할 수 있습니다. 여러분의 신앙의 정체는 무엇입니까? 기뻐하고 소중히 여기는 것은 따로 있고, 그저 그것을 얻기 위해 하나님 앞에 아첨하고 흥정하려 드는 것뿐이지는 않습니까? 하나님이 목적이 아니라 수단인 것은 아닙니까?

하나님을 기뻐한다는 것은
하나님의 모든 것을 받아들인다는 것입니다

"무릇 주를 찾는 자는 다 주로 즐거워하고 기뻐하게 하시며 주의 구원을 사랑하는 자는 항상 말하기를 여호와는 광대하시다 하게 하소서"(시 40:16).

한 목사님이 얼마 전에 잠언을 읽다가 한 구절을 아내에게 보여주며 함께 웃었다고 합니다. "소가 없으면 구유는 깨끗하려니와 소의 힘으로 얻는 것이 많으니라"잠 14:4. 그 부분의 주석은 차치하고라도 가장 먼저 떠오른 게 아이들이었기 때문입니다. "아이들이 없으면 집안은 깨끗하려니와……."로 읽었던 것입니다. 아이들이 있으면 밤잠을 설칠 때도 있고, 아프면 돌보아 주어야 하고, 속을 썩이면 야단쳐야 하고, 하루에도 서너 번씩 청소를 해야 하기 때문에 힘든 것이 사실입니다. 그렇지만 참된 부모에게는 말썽꾸러기 아이들이라도 그 자체가 기쁨입니다.

하나님을 향한 기쁨의 특징은 하나님의 모든 것을 기꺼이 받아들인다는 것입니다. 즉 하나님을 기뻐하는 사람은 그것이 나에게 복이 되든지 혹은 고통이 되든지 간에, 하나님 때문에 맞닥뜨려야 하는 상황이라면 무조건 감사함으로 받아들입니다. 하나님의 성품과 행하시는 사역 중에서 자기에게 이롭거나 좋다고 생각되는 부분만 선택적으로 기뻐하는 것이 아니라, 하나님의 성품과 행하시는 사역 전부를 자신에게 돌아올 행불행과 상관없이 모두 기뻐하는 것입니다.

어떻게 이런 일이 가능할까요? 바로 하나님을 향한 기쁨의 본질이 하나님을 향한 진실한 사랑이기 때문입니다.

성경에서 우리는 오네시모라는 노예를 만날 수 있습니다 몬1:8-16. 당시 노예는 주인의 재산 목록에 들어 있는 소유물로, 주인은 언제든 마음대로 노예를 사고 팔 수 있었으며 심지어 사형시킬 권한까지도 갖고 있었습니다. 다행히 오네시모의 주인이었던 빌레몬은 자신의 집을 교회로 내어 놓을 만큼 신실하고 선한 사람이었습니다. 하지만 오네시모는 그런 빌레몬을 배신하고, 그의 재산을 훔쳐 도망칩니다.

그런데 자유를 찾아 도착한 로마에서 오네시모는 뜻밖의 사람을 만납니다. 바로 죄수의 몸으로 로마 감옥에 갇힌 사도 바울이었습니다. 노예의 신분이 싫어 도망친 오네시모가 스스로 그리스도의 노예로 살기를 자청하는 바울을 만나 복음을 듣게 된 것입니다. 결국 오네시모는 예수 그리스도를 생명의 주인으로 받아들이고, 바울의 심복이 됩니다. 그리고 바울의 권고에 따라 빌레몬의 집으로 다시 돌아와 용서를 빕니다.

객관적인 관점에서 볼 때, 참 흥미진진하고 아름다운 이야기가 아닐 수 없습니다. 그러나 오네시모의 입장에서 생각해 보십시오. 목숨을 걸고 감행한 탈출이었습니다. 그만큼 그는 노예의 삶이 싫고 괴로웠습니다. 하지만 하나님이 세우신 질서이기에, 그는 철저하게 하나님의 뜻에 복종했습니다. 바울을 좇아 그리스도의 노예가 되었고, 죽음을 무릅쓰고 빌레몬에게 돌아가 용서를 빌었습니다. 하나님을 사랑하는 마음으로 하나님이 원하시는 모든 것을 받아들였던 것입니다.

때때로 하나님의 역사는 인간의 이성으로는 도저히 이해가 되지 않습니다. 그러나 하나님을 기뻐하는 사람은 이해가 되지 않더라도, 하나님께서 주신 것이면 선한 것이라 여기고 받아들이고 또 기뻐합니다. 하나님이 기쁘기에, 하나님 때문에 가져야 하는 모든 것을 기뻐하지 않을 수 없는 것입니다.

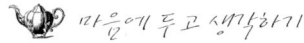 마음에 두고 생각하기

하나님 때문에 가져야 하는 모든 것을 기뻐하고 있습니까? 하나님을 기뻐하는 사람은 하나님 때문에 자신에게 주어진 모든 것들을 기뻐합니다. 그것 때문에 얻는 유익이나 고통과는 상관없이, 하나님이 주신 것은 선하지 않은 것이 없다고 믿는 것입니다.

하나님을 기뻐할 수 없는 것은
하나님 아닌 다른 사랑이 있기 때문입니다

"예수께서 가라사대 네 마음을 다하고 목숨을 다하고 뜻을 다하여
주 너의 하나님을 사랑하라 하셨으니"(마 22:37).

하나님을 기뻐하는 것은 신앙의 연륜이나 교육의 연수와 관계없습니다. 그것은 하나님을 향한 사랑과 밀접하게 연관되어 있을 뿐입니다. 즉 하나님을 향한 사랑이 있으면 누구나 하나님을 기뻐할 수 있고, 반대로 하나님을 향한 사랑이 없으면 아무리 신앙의 연륜이 많고 성경에 대한 지식이 풍부해도 하나님을 기뻐할 수 없는 것입니다.

그런데 사람들은 하나님을 기뻐할 수 없는 자신의 상태가 사랑 없음 때문임을 쉽게 인정하려 하지 않습니다. 그들은 근심과 걱정이 많아, 예전처럼 단순하게 하나님을 기뻐할 수 없는 것이라고 변명합니다. 그러나 지금 하나님을 기뻐할 수 없다면, 근심과 걱정이 모두 없어진다고 해도 하나님을 기뻐할 수 없습니다.

여러분의 경험을 돌아보십시오. 하나님으로 인해 말할 수 없는 기쁨을 누리던 때가 꼭 인생이 평탄할 때였습니까? 고난과 시련 속을 지나고 있음에도 불구하고, 하나님을 기뻐할 수 있었던 때가 있지 않습니까? 하나님을 기뻐할 수 없다면, 그 궁극적인 이유는 오직 하나입니다. 바로 하나님 아닌 다른 사랑이 생긴 것입니다.

신자가 누릴 수 있는 참된 기쁨은 하나님으로 말미암은 기쁨이며 이 기쁨은 하나님과의 올바른 관계를 가진 사람들만이 가질 수 있는 기쁨입니다. 그러므로 현재 하나님을 기뻐할 수 없는 상태에 있다면, 먼저 하나님을 향한 사랑을 잠식하고 들어온 다른 사랑이 무엇인지 점검해야 합니다. 하나님을 향한 사랑의 마음을 사라지게 만든 것은 재물에 대한 집착일 수도 있고, 자기 의일 수도 있으며, 세상에 있는 것들에 대한 헛된 욕망일 수도 있습니다. 때로는 주객이 전도되어, 하나님을 섬기기 위해 하는 일이 오히려 하나님의 자리를 빼앗기도 합니다. 거룩해 보이는 일에 몰두하고 있다고 하여, 신자의 영혼이 안전한 것은 아닌 것입니다.

오늘 여러분의 마음은 무엇으로 채워져 있습니까? 하나님 이외의 다른 것과 짝하여, 진실로 내가 기뻐하여야 할 분인 하나님을 외면하고 있지는 않습니까?

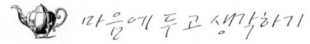
마음에 두고 생각하기

신자에게 하나님이 더 이상 기쁨이 되지 않는다면, 그것은 그의 마음에 하나님 이외의 다른 사랑이 생겼기 때문입니다. 하나님을 향한 사랑은 결코 다른 사랑과 양립할 수 없습니다. 하나님을 사랑하든지, 세상을 사랑하든지 둘 중 하나인 것입니다. 가족에 대한 사랑도, 사명에 대한 사랑도 하나님을 향한 사랑의 바탕 위에서 출발할 때만 안전합니다. 하나님을 향한 사랑이라는 기초가 튼튼할 때는 마음의 양약이던 모든 사랑의 감정이, 그 기초가 무너지기 시작하면 도리어 영혼에 독이 되고 마는 것입니다.

하나님을 기뻐하는 신자의 존재 자체가 하나님께 기쁨이 됩니다

"할렐루야, 여호와를 경외하며 그 계명을 크게 즐거워하는 자는 복이 있도다"(시 112:1).

하나님께 기쁨이 되는 삶이란 어떤 것일까요? 하나님께 기쁨이 되는 삶을 살기 위해서는 어떻게 해야 할까요? 한없이 양보하며 착하게 살면 됩니까? 위대한 업적을 이루면 됩니까? 보는 이로 하여금 저절로 탄성이 나오게 할 만큼 아름다운 재주를 익히면 됩니까?

하나님께서 바라시는 것은 결코 이러한 것들이 아닙니다. 착하게 사는 것도, 위대한 일을 하는 것도, 아름다운 재주도 모두 귀하지만 그것이 전부는 아닙니다. 하나님의 관심은 우리가 바치는 어떤 것이 아니라 우리 자신에게 있기 때문입니다.

따라서 보상 또는 흥정하는 태도로 하나님을 대하려 해서는 안 됩니다. 하나님께서 우리에게 원하시는 것은 우리가 진심으로 하나님을 기뻐하는 것, 바로 그것이기 때문입니다.

성경은 하나님을 기뻐하는 신자를 하나님께서 얼마나 후하게 대하시는지 몇 번이나 반복하여 설명합니다.

"또 여호와를 기뻐하라 저가 네 마음의 소원을 이루어 주시리로다"시 37:4. "사람의 행위가 여호와를 기쁘시게 하면 그 사람의 원수라도 그로 더불어 화목하게 하시느니라"잠 16:7. "하나님이 그 기뻐하시는 자에게는 지혜와 지식과 희락을 주시나 죄인에게는 노고를 주시고 저로 모아 쌓게 하사 하나님을 기뻐하는 자에게 주게 하시나니" 전 2:26. "그런즉 우리는 거하든지 떠나든지 주를 기쁘시게 하는 자 되기를 힘쓰노라 이는 우리가 다 반드시 그리스도의 심판대 앞에 드러나 각각 선악 간에 그 몸으로 행한 것을 따라 받으려 함이라"고후 5:9-10.

이처럼 하나님께서 당신을 기뻐하는 자를 위해서라면 아무 것도 아끼지 않으시는 것은 그의 존재 자체가 하나님께 말할 수 없는 기쁨이기 때문입니다.

사랑하는 여러분! 하나님의 기쁨이 되는 삶을 살기 원하십니까? 무엇을 해 드릴까 고민하지 말고, 그저 하나님을 기뻐하십시오. 하나님을 기뻐하는 신자의 존재 그 자체보다 하나님을 더 기쁘게 하는 것은 없습니다.

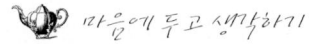
마음에 두고 생각하기

하나님을 기쁘시게 하기 위해 지금 당장 우리가 해야 하는 일은 하나님을 기뻐하는 것입니다. 신자에게 가장 큰 기쁨이 하나님의 존재 그 자체이듯, 하나님의 가장 큰 기쁨도 하나님을 기뻐하는 신자의 존재 그 자체이기 때문입니다.

존재가 아름다워지면 소원도 아름다워집니다

"또 여호와를 기뻐하라 저가 네 마음의 소원을 이루어 주시리로다"(시편 37:4).

"또 여호와를 기뻐하라 저가 네 마음의 소원을 이루어 주시리로다"시편 37:4. 그저 여호와를 기뻐하기만 하면 마음의 소원을 모두 이루어 주신다니, 쉬운 요구에 비해 실로 어마어마한 보상입니다.

그래서 사람들은 이 말씀을 쉽게 믿지 못하고, 안 해도 될 걱정을 합니다. '하나님이 어쩌시려고 이런 말씀을 하셨을까? 이거 정말 믿어도 되는 약속이야?'

그러나 이 약속은 한 치의 틀림도 없는 진실입니다. 하나님은 당신을 기뻐하는 자가 원하는 것이라면 모두 들어 주십니다.

그런데 여러분, 좀 이상하지 않습니까? 성경을 한 번이라도 읽어 본 사람이라면 누구나 의문이 들 것입니다. 하나님을 기뻐하며 살았던 수많은 믿음의 조상들이 행운으로 점철된 만사형통한 삶을 살았습니까? 오히려 모진 고난과 세상의 박해를 참아 내야 하지 않았습니까? 마음의 소원을 다 이루어 주신다고 하셨는데, 대체 왜 이런 일이 일어난 것일까요?

하지만 조금만 생각해 보면 답을 얻을 수 있습니다. 어린 아이들은 때로 엄마에게 비싼 장난감이나 갖고 싶은 것을 사 달라고 심하게 조르곤 합니다. 그렇게 떼를 쓰다가 엄마가 들어 줄 기미가 보이지 않으면 울어 버리고 맙니다.

그럴 때면 부모들은 겉으로는 호되게 야단을 치면서도 마음이 아프기 마련입니다. 그런데 조금 철이 든 아이는 그 때 다르게 생각합니다. '엄마의 마음이 얼마나 아프실까? 내가 마음을 편히 해드려야지.' 이전보다 성숙하였기에 철이 없는 아이와는 다른 소원을 가지게 된 것입니다.

신앙 안에서도 비슷한 일이 일어납니다. 하나님을 기뻐하게 되면, 우리의 소원이 예전과 달라지는 것입니다.

그래서 하나님을 기뻐하기 전에는 소원이래야 온통 자기 자신을 위한 것뿐이었지만, 하나님을 기뻐하게 되면 소원까지도 하나님을 기쁘시게 할 수 있는 것들로 달라집니다.

"누가 나더러 제왕의 면류관을 쓰고 왕이 되라고 한다면, 나는 그런 사소한 일에 신경을 쓸 시간이 없노라 대답하겠습니다. 좋으신 주님의 복음을 전하기에도 바쁘기 때문입니다." 라고 말했던 찰스 스펄전 C. H. Spurgeon처럼 세상의 권세와 인간적인 욕심의 헛됨을 깨닫게 되는 것입니다.

여러분! 기도가 응답되지 않습니까? 목표 설정이 올바르지 않으면, 간절히 기도해도 응답되지 않습니다. 하나님을 마음을 다해 기뻐하며, 그분을 위한 소원을 마음에 품어 보십시오.

'하나님께서 모든 것을 동원해서 나를 사랑하셨으니, 나도 내 삶 전부를 그분을 기뻐하는 데 사용하리라.' 라고 목표를 설정해 보십시오!

하나님께서는 반드시 그 소원을 이루어 주실 것입니다.

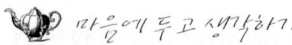 마음에 두고 생각하기

여러분의 소원은 무엇입니까? 여러분의 소원의 깊이가 여러분의 존재의 깊이요, 여러분의 소원의 순도가 여러분의 존재의 순도입니다. 하나님 앞에 한없이 아름다운 존재로 서서, 한없이 아름다운 소원을 가슴에 품고, 쉴 새 없이 그것들을 이루어 주시는 하나님을 경험하는 복된 인생을 살아갑시다.

하나님을 사랑한 사람만이
모든 것을 소유한 사람입니다

"우리가 무슨 일이든지 우리에게서 난 것같이 생각하여 스스로 만족할 것이 아니니 우리의 만족은 오직 하나님께로서 났느니라"(고후 3:5).

다윗은 인간의 모든 부귀와 영화를 누리고 영고성쇠榮枯盛衰를 경험한 사람이었습니다. 그런 다윗이 많은 시련과 고난의 계곡을 지나면서 마지막으로 자기에게 남아 있는 소원을 담은 노래가 시편에 담겨 있습니다. "내가 여호와께 청하였던 한 가지 일 곧 그것을 구하리니 곧 나로 내 생전에 여호와의 집에 거하여낼 여호와의 아름다움을 앙망하며 그 전에서 사모하게 하실 것이라"시 27:4.

그는 음침한 골짜기와 같은 인생의 길을 지날 때 자신에게 오는 유일한 도움이 목자이신 하나님을 사랑하고 사랑받는 관계이며 목자의 음성을 듣는 기쁨임을 절실히 깨달았던 것입니다. 그것은 다윗에게 무엇과도 바꿀 수 없는, 또 누구도 빼앗아 갈 수 없는 기쁨이었습니다.

눈을 들어 주위의 모든 것을 바라보십시오. 무엇이 보입니까? 그 안에서 하나님이 느껴지십니까? 하나님을 소유하지 못한 사람은 어디를 둘러 봐도 하나님이 안 보입니다. 그러나 하나님을 소유한 사람은 어디를 보아도 하나님이 보입니다.

그래서 위대한 하나님의 사람, 아우구스티누스A. Augustinus는 다음과 같이 말했습니다. "여러분이 진정으로 하나님을 사랑할 때, 도대체 여러분이 안 가진 것이 무엇입니까? 여러분이 진정으로 하나님을 사랑하지 않을 때, 도대체 여러분이 가진 것은 무엇입니까?"

세상에 있는 것은 결코 우리를 만족하게 할 수 없습니다. 그래서 전도서 기자는 이렇게 고백합니다. "만물의 피곤함을 사람이 말로 다 할 수 없나니 눈은 보아도 족함이 없고 귀는 들어도 차지 아니하는도다"전 1:8.

우리의 영혼의 진정한 만족은 오직 하나님에게서만 누릴 수 있습니다. 따라서 하나님을 소유하지 못한 사람은 세상 무엇을 소유하였더라도 아무 것도 가지지 못한 자요, 하나님을 소유한 사람은 아무 것도 손에 쥔 것이 없더라도 모든 것을 가진 자입니다.

세계 최고의 부자였던 록펠러J. D. Rockefeller의 인생은 이러한 진리의 생생한 증명이라고 할 수 있습니다. 그는 33세에 백만장자가 되었고, 43세에는 미국에서 가장 커다란 회사의 소유주가 되었으며, 53세에는 세계 최고의 부호가 되었습니다. 그러나 아무리 돈을 많이 벌어도 만족할 수 없었고, 오히려 불행하기만 했습니다. 그는 알로피셔Alopecia라는 머리카락과 눈썹이 빠지고 몸이 말라가는 병을 앓고 있었는데, 어느 날 의사는 앞으로 1년 이상 살 수 없을 것이라는 진단을 내렸습니다. 절망적인 선고에 그는 자지도 먹지도 못하고 괴로워했습니다. 그러다 어느 순간, 그는 침상을 박차고 내려와 "다른 것은 모두 아무 것도 아니다. 하나님만이 모든 것이 되신다."라고 소리쳤습니다. 그리고 무릎을 꿇고 기도하기 시작했습니다. 그 기도를 기점으로 록펠러의 인생은 달라졌습니다. 그는 피상적인 신앙생활을 버리고, 진심으로 하나님 앞에 나아갔습니다. 그리고 리버사이드 교회를 지어 하나님께 바치고, 록펠러 재단을 만들어 구제에 앞장섰습니다. 이후 그는 잘 먹기 시작했고 잠도 잘 자게 되었습니다. 결국 록펠러는 55세를 넘기기 어려울 것이라는 의사들의 판단을 깨고 98세까지 살았습니다.

진정한 부자는 하나님을 소유한 사람입니다. 하나님이 모든 것 되시기 때문입니다.

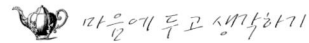

하나님을 사랑할 때는 신기하게도 아무 것도 부족한 것이 없습니다. 그러나 하나님을 향한 사랑이 사라지면, 상황이나 환경이 아무 것도 달라지지 않아도 인생은 끝없는 결핍과 불만족을 느낍니다.

신자가 추구해야 할 기쁨은 헌신의 기쁨입니다

"만일 너희 믿음의 제물과 봉사 위에 내가 나를 관제로 드릴지라도 나는 기뻐하고
너희 무리와 함께 기뻐하리니 이와 같이 너희도 기뻐하고 나와 함께 기뻐하라"(빌 2:17-18).

빌립보서는 사도 바울이 감옥에 갇힌 사형수의 신세로 쓴 편지입니다. 그런데 이 서신에는 '기쁨', '기뻐하다'라는 말이 무려 18번이나 나옵니다. 사실 바울의 서신 가운데 빌립보서보다 더 부드럽고 아름다운 서신은 없을 것입니다.

읽고 있노라면 크게 웃음 짓고 있는 사도 바울의 모습이 저절로 떠오르는 이 기쁨의 서신 속에서, 바울은 빌립보 교회 교인들을 향하여 다음과 같이 권면합니다. "만일 너희 믿음의 제물과 봉사 위에 내가 나를 관제로 드릴지라도 나는 기뻐하고 너희 무리와 함께 기뻐하리니 이와 같이 너희도 기뻐하고 나와 함께 기뻐하라"빌 2:17-18.

"관제"란 액체로 드리는 제사입니다. 다른 말로 '전제'라고도 하는데, 이것은 제물을 바치고 그것을 하나님 앞에 태워 드리는 가운데, 기름이나 포도주 등의 액체를 붓는 방식으로 드려지는 제사입니다. 그런데 여기에 쓰이는 기름이나 포도주는 아주 순도가 높은 것이었습니다. 포도주로 생각하면 아주 도수가 높은 술이어서 번제 위에 부으면, 불꽃이 순식간에 일어나 제물을 에워싸게 되는 것입니다.

이 구절에서 사도 바울이 관제의 모습으로 형상화한 것은 다름 아닌 자신의 순교였습니다. 그리고 빌립보 교회 역시 마치 번제처럼 아름다운 헌신을 실천하는 교회였습니다. 그것을 아는 사도가 옥중에서 고백을 합니다.

"나는 이제 죽는다. 너희 빌립보 교회가 너희 자신을 하나님께 바쳐 헌신하기를 마치 제물이 죽음같이 했으니, 이제 내가 순교의 피를 흘릴 때 그 피가 독한 술처럼 부어져 하나님 앞에 향기로운 제물이 되기를 원한다. 나의 순교가 너희의 헌신과 함께 어우러져 하나님의 기쁨이 된다면, 얼마나 기쁘겠느냐. 나는 이것을 기뻐하고 기뻐한다. 너희도 이 기쁨에 함께 하라."라고 말입니다.

여러분은 이 고백에 담긴 사도 바울의 마음을 짐작할 수 있습니까? 지금 사도 바울이 고백하고 있는 이런 종류의 기쁨을 누려 본 적이 있습니까? 이 기쁨은 하나님을 향한 진실한 사랑에서 비롯된 헌신이 가져다주는 기쁨입니다. 이 기쁨과 비교하면 세상이 주는 소소한 즐거움들은 모두 싸구려 기쁨에 지나지 않습니다. 헌신의 기쁨만이 우리의 영혼을 뒤흔드는 근원적이고도 절대적인 기쁨인 것입니다.

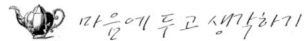
마음에 두고 생각하기

하나님을 사랑하고 그분의 사랑을 입은 자로서, 그분을 위해 행하는 모든 헌신과 봉사와 희생과 고통을 기뻐할 수 있습니까? 하나님의 기뻐하심을 생각하며, 지금 나의 희생을 오히려 감사할 수 있습니까?

나 중심적인 사고로는
결코 헌신의 기쁨을 이해할 수 없습니다

"이뿐 아니라 이제 우리로 화목을 얻게 하신 우리 주 예수 그리스도로 말미암아 하나님 안에서 또한 즐거워하느니라"(롬 5:11).

땀을 배출하면 좋다기에 한동안 자주 사우나에 갔습니다. 그런데 알고 보니, 열심히 운동을 하면서 흘리는 땀과 사우나에 가만히 누워서 흘리는 땀은 성분부터 다른 것이었습니다. 운동을 통해 땀을 흘리면 몸 속 노폐물까지 같이 배출되지만, 사우나를 통해 땀을 흘리면 그저 수분만 빠져 나올 뿐이라는 것입니다.

땀이라고 다 같은 것이 아니듯이, 기쁨이라고 다 같은 것이 아닙니다. 우리의 영혼을 정화시키고 육체를 활기 있게 하며 온 인격을 새롭게 하는 기쁨이 있는가 하면, 잠시 있다 사라질 뿐 그 어떤 거룩한 작용도 불러일으키지 못하는 기쁨도 있습니다. 그러면 우리가 진짜로 행복하기 위해서 되찾아야 할 기쁨은 어떠한 기쁨일까요?

바로 하나님으로부터 오는 기쁨입니다. 헌신의 기쁨처럼 하나님과의 관계 속에서 누리는 기쁨은 당장은 유쾌하지만 지나고 나면 견디기 힘든 공허감만을 남기는 세상의 기쁨과는 전혀 다릅니다. 영혼에 참된 만족을 가져다주고, 기쁨 그 자체에 탐닉하는 대신 하나님을 바라보게 하는 것입니다.

그러면 대체 왜 많은 그리스도인들이 이 놀라운 기쁨을 잃어버린 채 살고 있는 것일까요? 이것은 기쁨을 '나' 중심의 행복에서만 찾으려고 하기 때문입니다. 신자가 되면 가장 먼저 할 일이 '나' 중심의 사고를 버리는 일입니다. 사실 행복을 포기할 수 없어 '나' 중심의 삶을 살게 되는데, 아이러니하게도 '나' 중심의 사고를 버리지 않는 한 결코 행복할 수 없습니다. 일이 내가 생각하는 대로 순조롭게 흘러가지 않으면 내가 바라는 환경이 아니기에 기뻐할 수 없고, 일이 순조롭게 흘러가면 그 순조로움에 마음을 빼앗겨 하나님을 놓쳐 버리기에 기뻐할 수 없습니다. 일이 잘 되든 안 되든 기뻐할 수 없는 것입니다.

반면에 '나' 중심적인 사고를 버리고, '하나님' 중심으로 판단하며 살아가는 사람은 기뻐할 일이 참 많습니다. 그의 눈에는 환경이 순조롭든 그렇지 않든, 놀랍게 일하고 계신 하나님이 보입니다. 그래서 물질적으로 곤고하고 육체적으로 고통을 당할 때에도 하나님을 찬양할 수 있고, 뼈를 깎는 헌신과 희생 속에서도 마음 가득 기뻐할 수 있습니다. 그 모든 것이 하나님의 영광을 위해 아름답게 사용될 것을 알기 때문입니다.

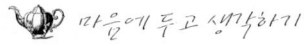

기쁨을 나 자신의 행복한 삶에서만 찾고 있지는 않습니까? 이런 태도로는 헌신의 삶을 살 수 없습니다. 하나님이 일하시고 계시다는 사실도 발견할 수 없는 사람이, 하나님을 위해 무슨 일을 할 수 있겠습니까?

하나님과 함께 기뻐하려면
하나님의 관점으로 바라보아야 합니다

"이로써 우리도 듣던 날부터 너희를 위하여 기도하기를 그치지 아니하고 구하노니
너희로 하여금 모든 신령한 지혜와 총명에 하나님의 뜻을 아는 것으로 채우게 하시고"(골 1:9).

사도 바울이 감옥에 갇혀 순교의 순간을 기다리면서도, 옥 밖에 있는 사람들을 향해 기뻐하라고 외칠 수 있었던 이유는 기쁨의 근원을 자신의 행복에 두지 않고 하나님의 뜻에 두었기 때문입니다.

여러분은 기쁨의 근원을 어디에 두고 있습니까? 기쁨의 근원을 자신에게 둔 사람은 자기의 관점으로 세상을 보지만, 기쁨의 근원을 하나님께 둔 사람은 하나님의 관점으로 세상을 봅니다.

눈을 들어 하나님의 관점으로 세상을 바라보면, 세상에는 가슴 아픈 일도 많지만 그것과는 비교도 될 수 없는 큰 기쁨들도 넘쳐 납니다. "나는 어려워도 많은 지체들에게 복을 주시고, 나는 힘들어도 많은 지체들에게 형통함을 주시고, 나는 핍박을 받아도 다른 지체들 속에서는 복음이 승리하게 하시고, 나는 부족하지만 하나님이 교회를 사용하셔서 당신의 뜻을 이루어 가시는구나. 아, 참으로 기쁘다."라고 고백할 수 있게 되는 것입니다.

여러분의 경험을 돌아보십시오. 비록 어리고 연약했어도, 하나님을 향해 시선이 고정되어 있었던 때에는 기쁨이 충만하지 않았습니까? 오늘 여러분의 관점은 어디에 있습니까? 하나님의 관점으

로 바라보며, 하나님과 함께 기뻐하고 하나님과 함께 슬퍼하고 있습니까?

참된 기쁨은 경박함 속에서 솟구치는 것이 아니라 진지함 속에서 흘러나옵니다. 하나님의 영광, 하나님의 은혜, 하나님의 사랑을 마음 깊이 묵상해 보십시오. 눈물을 흘리는 참회의 한 가운데 기쁨이 있고, 하나님의 나라에 대한 거룩한 염려 안에 기쁨이 있으며, 하나님의 영광을 위해 분투하다 자신의 한계를 느끼고 하나님의 도우심을 바라보는 의뢰에 기쁨이 있는 것입니다.

오늘 여러분의 관점이 어디에 있는지 돌아보십시오. 우리가 하나님의 관점으로 우리 자신과 세상을 볼 수 있을 때, 바울과 같이 "어떠한 형편에든지 내가 자족하기를 배웠노니 나는 비천에 처할 줄도 알고 풍부에 처할 줄도 알아 모든 일에 배부르며 배고픔과 풍부와 궁핍에도 일체의 비결을 배웠노라"빌 4:11-12라고 고백하며, 항상 기뻐하는 삶을 살 수 있게 될 것입니다.

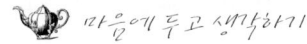 마음에 두고 생각하기

하나님의 관점은 무시한 채, 내 관점대로 모든 일들을 생각하고 처리하고 있지는 않습니까? 우리가 봉착한 문제 상황을 개선할 수 있는 가장 기본적인 해법은 하나님의 관점으로 바라보는 것입니다. 그러면 정말 심각한 문제가 무엇인지, 더 이상 고민하지 않아도 될 문제는 무엇인지 뚜렷해집니다. 또한 무엇을 기뻐하고 무엇을 슬퍼해야 하는지도 분명해집니다.

진정한 기쁨은
하나님을 섬기는 삶 속에 있습니다

"오직 선을 행함과 서로 나눠 주기를 잊지 말라
이 같은 제사는 하나님이 기뻐하시느니라"(히 13:16).

헌신적인 빈민 구제 활동으로 많은 사람의 존경을 받은 인도의 테레사 수녀Mother Teresa는 다음과 같은 말을 남겼습니다. "기쁨! 기쁨은 기도입니다. 기쁨은 힘입니다. 기쁨은 사랑입니다. 하나님은 기쁨을 주는 사람에게 가장 큰 기쁨을 주십니다. 하나님께 나의 감사를 표현하는 가장 좋은 방법은 모든 것을, 나의 어려움조차도 기쁘게 받아들이는 것입니다. 기쁨은 사랑으로 불타고 있는 마음의 정상적인 결과입니다. 당신의 마음에 슬픔이 엄습해 오더라도 부활하신 그리스도의 기쁨을 한 순간이라도 잊지 않도록 하십시오."

실제로 테레사 수녀는 가장 빈곤한 지역에서, 가장 고통스런 사람들과 함께 지냈지만, 늘 기쁨이 넘치는 얼굴이었다고 합니다. 헌신 속에서 참된 기쁨을 누리며 살았던 것입니다.

여러분은 어떠한 삶을 살고 있습니까? 기쁨 가운데 살고 있습니까? 기쁨이 넘치는 삶의 비결은 하나님을 섬기는 것, 단 하나입니다.

사실 기쁨의 근원이 하나님인 사람은 하나님을 섬기지 않을 수 없습니다. 섬김 그 자체가 기쁨이 되기 때문입니다. 하나님은 물론 우리 자신을 위해서도 우리는 하나님께 기쁨의 근원을 두고, 하나님과 동행하는 삶을 살아야 합니다.

여러분의 인생을 가장 값지게 사용하는 방법은 하나님을 섬기며 사는 것입니다. 그렇게 살아갈 때 하나님께서는 여러분의 삶 속에 참된 기쁨을 부어 주실 것입니다. 세월이 많이 흘러도 무효가 되지 않는 기쁨, 고난이 와도 삼킬 수 없는 기쁨, 이 세상 그 무엇이 와도 사라지지 않는 기쁨, 하나님으로 말미암는 바로 그 기쁨말입니다.

하나님이 우리를 구원하신 것은 우리로 하여금 하나님을 섬기며 즐거워하라고 부르신 것입니다. 눈을 들어 하나님의 관점으로 주변을 바라보십시오. 그리고 여러분의 손길을 필요로 하는 곳이 있다면, 손을 내미십시오. 그렇게 교회와 이웃을 위하여, 자신을 관제와 같이 부어 드릴 때, 하나님의 놀라운 기쁨이 여러분 안에 함께 할 것입니다.

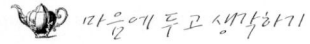
마음에 두고 생각하기

훗날 하나님 앞에 서기 전 인생을 돌아보게 된다면, 우리에게 주어진 이 땅에서의 시간 동안 하나님과 교회와 이웃을 섬긴 것 외에는 마음에 기쁨이 되는 것이 없을 것입니다. 그 때에 나는 죽었지만 교회는 건강하게 서 있고, 눈물 뿌려 섬겼던 영혼들이 신실하게 변화되어 있다면 얼마나 행복할까요? 하나님을 향한 사랑의 마음으로 교회와 이웃을 섬기는 삶, 이것이야말로 우리 인생의 본질적인 소명입니다. 그 본질적인 것을 우리의 기쁨으로 삼으면서 살아갑시다.

신령한 기쁨과 거룩한 슬픔의 공존이 신자의 영적 삶의 신비입니다

거룩한 외로움을 아는 사람만이 하나님과 하나 된 충만한 기쁨을 알 수 있습니다

지혜로운 신자는 환란과 시련의 때를 가장 놀라운 기쁨의 때로 살아갑니다

충만한 기쁨이 있으면 곤경도 더 큰 헌신의 기회가 됩니다

신자의 기쁨은 환경이 주는 것이 아니라 은혜가 주는 것입니다

신자가 희망해야 할 것은 환경의 개선이 아니라 은혜입니다

하나님에 대한 믿음은 인생의 어려운 시기를 기쁨으로 살아갈 수 있게 합니다

한 점 죄악도 한 점 실수도 범하지 않으셨건만 예수님의 생애는 고난의 점철이었습니다

가장 고통스러운 순간에도, 예수 그리스도는 고난을 피하지 않으셨습니다

고난을 피하지 않고 감당하는 것은 무능해서가 아니라 하나님의 지혜를 신뢰해서입니다

기독교는 고난의 종교요, 고난은 하나님의 선물입니다

고난을 피하려다 보면 죄 또는 불순종으로 나아가게 됩니다

복음을 전한 사람의 최고의 기쁨은 진리 안에서 행하는 모습을 보는 것입니다

하나님이 기쁨의 이유가 되면 진리를 갈망하지 않을 수 없습니다

진리를 기뻐한다는 것은 하나님의 통치를 기뻐하는 것입니다

진리는 하나님 자신이요, 계명은 우리를 향해 보여 주신 하나님의 의지입니다

이 세상이 우울하고 어두운 것은 물질이 부족하기 때문이 아니라 진리의 기쁨이 없기 때문입니다

진리를 사랑하는 사람이라야 진리 안에서 행할 수 있습니다

진리를 추구하지 않은 채 삶의 기쁨을 찾는 것은 연료 없이 불을 피우려 애쓰는 것과 같습니다

세상에 있는 것들이 주는 행복은 금방 사라지지만 하나님의 진리가 주는 행복은 영원합니다

충만한 기쁨의 또 하나의 비결은 나 자신과 이웃을 돌아보는 것입니다

자기를 돌아봄에 있어서 꼭 필요한 것은 자기를 향한 사랑이 아니라 하나님을 향한 사랑입니다

자신의 영혼과 영적 삶과 관계된 모든 태도를 성찰하고 돌아보게 될 때 우리는 점점 더 온전해져 갑니다

다른 사람들의 필요를 채우며 돕고자 하는 마음이 하나님을 기쁘시게 하는 신자의 돌아봄입니다

그리스도인의 삶은 움켜쥐는 삶이 아니라 강물처럼 흐르면서 다른 사람들에게 나눠 주는 삶입니다

돌아봄은 온전케 하는 교통의 비결입니다

하나님을 기뻐함의 정체는 하나님을 아는 지식입니다

하나님이 어떤 분인지 알아갈 때 충만한 기쁨이 생겨나고 그 기쁨을 통해서 우리는 온전해져 갑니다

Rejoicing in the Lord

기쁨의 확장,
고난과 진리와 돌아봄

신령한 기쁨과 거룩한 슬픔의 공존이
신자의 영적 삶의 신비입니다

"심령이 가난한 자는 복이 있나니 천국의 저희 것임이요
애통하는 자는 복이 있나니 저희가 위로를 받을 것임이요"(마 5:3-4).

세리가 기도하기 위해 성전에 올라갔습니다. 그의 옆에서 바리새인의 기도 소리가 들렸습니다. "토색, 불의, 간음을 하는 자들과 같지 아니하고 이 세리와도 같지 아니함을 감사하나이다"눅 18:11下. 가슴이 덜컹 내려앉았습니다. 그는 실제로 백성의 고혈을 짜 낸 죄인이었습니다. 세리는 기도하다가 심장을 짜는 듯한 고통을 느끼면서도 제 가슴을 두드리며 회개하였고 하나님의 긍휼을 구할 수밖에 없었습니다. 그날 의롭다하심을 받은 것은 세리였고 아마도 그는 이전에 맛보지 못한 심령의 충만한 기쁨을 누리며 집으로 돌아왔을 것입니다.

신자에게 있어서 슬픔과 기쁨은 신비스럽게 공존합니다. 거룩한 슬픔과 공존하는 기쁨만이 신령한 기쁨이라고 말해도 틀리지 않을 만큼, 하나님 안에서 느끼는 참된 기쁨은 슬픔의 정서와 맞닿아 있습니다.

지난 날 하나님과 동행하며 살아왔던 은혜의 날들을 회고해 보십시오. 이 세상 사람들은 도저히 이해할 수 없는 이상한 공식이 성립되는 것을 발견할 수 있습니다. 바로 우리의 생애 중 하나님으로

인하여 가장 기뻤던 때는 억누를 수 없는 슬픔으로 가슴을 치며 한없이 울었던 때라는 사실입니다.

은혜의 경험이 있는 신자들이라면 모두 알 것입니다. 하늘을 열고 부어 주시는 하나님의 은혜와 사랑이 놀라울 때, 그저 그 은혜가 놀랍고 크다는 것만 느끼고 끝나는 경우는 없다는 것을 말입니다. 하나님의 크고 놀라운 은혜에 대한 감격이 우리를 가득 채우면, 가치 없는 존재일 뿐인 우리 자신에 대한 슬픔이 자연스럽게 차오릅니다. 값없이 부어 주시는 말할 수 없는 은총에도 불구하고, 하나님의 기대에 못 미치는 삶을 살고 있는 우리 자신에 대한 슬픔이 신령한 기쁨과 한 인격 안에 공존하였던 것입니다.

그래서 신자가 느끼는 신령한 기쁨은 세상 사람들이 결코 이해할 수 없는 종류의 기쁨입니다. 슬픔과 공존하는 기쁨이 어떻게 기쁨이냐고 세상은 비웃어도, 그것을 누려 본 사람은 압니다. 그 기쁨이야말로 다른 무엇으로 대치될 수도, 염려나 걱정으로 인해 훼손될 수도 없는 가장 진정한 기쁨임을 말입니다.

현대인은 병적으로 슬픔과 고통을 기피합니다. 그래서 언제부턴가 교회조차 죄와 심판에 대한 선포대신 은혜와 사랑에 대한 설교만 하려 듭니다. 그러나 거룩한 슬픔을 배제하고는 기쁨도 완전할 수 없습니다. 마태복음 5장의 산상수훈을 보십시오. 어떤 사람이 복이 있는 사람입니까? 삶이 달콤하기만 하여 웃을 일밖에 없는 사람이 천국을 소유한 사람입니까? 예수님께서 "기뻐하고 즐거워하라 하늘에서 너희의 상이 큼이라"라고 말씀하신 대상은 심령이 가난하고 애통하는 자들이었습니다.

'기뻐하라'는 하나님의 명령은 고통스러운 환경은 무조건 회피하고, 자신의 영적 상태를 정직하게 들여다보며 애통하는 것을 기피하라는 것이 아닙니다. 오히려 자기의 영혼과 자신의 고통 앞에 정직하게 서서 슬퍼할 것이 있으며 슬퍼하고 뉘우칠 것이 있으면 뉘우치라는 명령입니다.

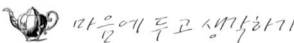 마음에 두고 생각하기

신령한 기쁨과 거룩한 슬픔은 공존하는 것이기에, 거룩한 슬픔을 외면하고서는 신령한 기쁨도 누릴 수 없습니다. 참 기쁨을 소유한 하나님의 자녀들은 자신의 죄와 구원받지 못한 이웃들의 형편을 진심으로 애통해 합니다. 여러분은 어떻습니까? 어쩔 수 없는 죄와 연약함으로 인해 가슴 아파하고 있습니까?

거룩한 외로움을 아는 사람만이
하나님과 하나 된 충만한 기쁨을 알 수 있습니다

"참과부로서 외로운 자는 하나님께 소망을 두어 주야로 항상 간구와 기도를 하거니와
일락을 좋아하는 이는 살았으나 죽었느니라"(딤전 5:5-6).

세상의 시각에서 보면, 신자들은 도무지 이해할 수 없는 존재입니다. 사도 바울이 이야기했듯이 "근심하는 자 같으나 항상 기뻐하고 가난한 자 같으나 많은 사람을 부요하게 하고 아무 것도 없는 자 같으나 모든 것을 가진 자"고후 6:10들이기 때문입니다.

그런데 여기에 추가하고 싶은 역설이 하나 더 있습니다. 바로 '외로운 자 같으나 항상 하나님과 함께 한다.' 는 것입니다.

우리가 구도의 길을 걸어갈 때 발견하게 되는 사실은 이 세상에는 우리를 도울 수 있는 존재가 없다는 사실입니다. 처음 신앙을 가질 때에는 신실한 신앙의 선배들의 돌봄과 배려가 필요합니다. 그러나 어느 수준 이상 성장하면, 다른 이들의 도움이 아니라 스스로의 힘으로 하나님 앞에 나아가야 합니다. 신앙이란 하나님 앞에 단독자로 정직하게 서는 것이기 때문입니다. 그 때 느껴지는 것이 세상도 없이, 친구도 없이, 그저 구도자로서 황량한 벌판 위에 홀로 서 있는 듯 만나는 기초입니다. 그 거룩한 외로움이 우리로 하여금 하나님만을 간절히 찾게 하기 때문입니다.

세례 요한의 생애를 보십시오. 광야에서 보낸 어린 시절부터 하

나님의 말씀이 임함으로 선지자가 되어 사역에 들어선 순간까지 그의 생애는 거룩한 외로움의 생애였습니다. 모래 바람이 이는 황량한 벌판에서 삼십 년 가까운 세월 동안 영적인 훈련과 연단을 받아야 했던 것입니다.

그러나 그는 일평생 하나님을 가까이 누리며 살았습니다. 그래서 세상의 눈으로 보기에는 외로운 인생이었지만, 오히려 이 세상 그 누구보다 충만한 기쁨을 누렸습니다. 하나님과 동행하며, 하나님과 함께 기뻐했기 때문입니다. 세례 요한은 말합니다. "신부를 취하는 자는 신랑이나 서서 신랑의 음성을 듣는 친구가 크게 기뻐하나니 나는 이러한 기쁨이 충만하였노라 그는 흥하여야 하겠고 나는 쇠하여야 하리라"요 3:29-30.

여러분! 너무 많은 즐길 거리에 휩싸여 있기에 하나님을 온전히 기뻐할 수 없는 것은 아닙니까? 너무 많은 세상의 것들과 벗하고 살고 있는 것은 아닙니까?

마음에 두고 생각하기

우울하고 심각한 것이 바른 신앙의 모습은 아닙니다. 사람을 좋아하는 밝은 성격이 경박한 것도 아닙니다. 그러나 영혼의 건강함을 위해서는 홀로 하나님 앞에 서는 진지한 성찰이 반드시 필요합니다. 자신에 대한 진지한 성찰은 외로움과 아픔을 선사하지만, 동시에 하나님을 더욱 간절히 붙들게 만들어 줍니다. 거룩한 외로움의 기반 위에서 하나님과 하나 된 충만한 기쁨이 시작되는 것입니다.

지혜로운 신자는 환란과 시련의 때를
가장 놀라운 기쁨의 때로 살아갑니다

"사랑하는 자들아 너희를 시련하려고 오는 불시험을 이상한 일 당하는 것같이 이상히 여기지 말고 오직 너희가 그리스도의 고난에 참예하는 것으로 즐거워하라 이는 그의 영광을 나타내실 때에 너희로 즐거워하고 기뻐하게 하려 함이라"(벧전 4:12-13).

인생은 고통의 바다입니다. 사랑하는 사람의 죽음으로 몸부림치며 울기도 하고, 질병으로 인해 고통받기도 하며, 직장의 상실이나 사업의 위기로 절망에 빠지기도 하는 것이 인생인 것입니다.

그런데 하나님은 인생들에게 "항상 기뻐하라."고 명령하셨습니다. 세상이 우리의 편이 아니고, 모든 일이 불리하게만 풀리고, 산 너머 산만 보이더라도 기뻐하라는 것입니다. 말도 안 되게 어려운 명령 아닙니까? 그러나 한편으로는 가장 쉬운 명령입니다. 하나님은 선하시고 그의 자비는 영원하다는 사실을 환경에 상관없이 믿으면 되기 때문입니다.

하나님은 언제나 문제보다 크십니다. 우리가 문제 상황에 봉착했다면 그것은 하나님이 해결할 수 없으셨기 때문이 아니라 하나님이 그 어려움이 우리에게 필요하다고 판단하셨기 때문입니다. 그러므로 우리는 언제나 하나님 안에서 기뻐해야 합니다. 환란과 시련의 때라 하더라도 말입니다.

그런데 환란과 시련의 때에 오히려 기뻐할 수 있는 이유는 비단 하나님의 선하심에 대한 믿음 하나만은 아닙니다.

극한 가난이나 심각한 시련 가운데 있어 본 적이 있습니까? 그 때 여러분의 마음이 그저 고통스럽기만 할 뿐이었습니까? 환란과 시련이 그저 고통만을 남길 뿐이라면 그는 신자가 아닌 것이 분명합니다. 불신자에게 시련은 고통일 뿐이지만, 신자에게 시련은 영적 기쁨의 통로가 되기 때문입니다. 환란과 시련의 때에 신자는 하나님으로 말미암아 누리게 되는 기쁨의 신령한 가치에 대해서 더 많이 생각합니다. 그리고 하나님을 더 간절히 찾고, 더욱 깊이 만납니다.

그래서 성경은 고난 중에 오히려 기뻐하라고 권면합니다. 고난은 불평, 불만의 대상이 아니라 기쁨과 즐거움의 근원이라고 가르쳤던 것입니다.

"사랑하는 자들아 너희를 시련하려고 오는 불시험을 이상한 일 당하는 것같이 이상히 여기지 말고 오직 너희가 그리스도의 고난에 참예하는 것으로 즐거워하라 이는 그의 영광을 나타내실 때에 너희로 즐거워하고 기뻐하게 하려 함이라"벧전 4:12-13.

마음에 두고 생각하기

뉴질랜드에는 날개는 있으나 날지 못하는 새가 여러 종류 있습니다. 새의 천적이 되는 다른 동물들이 없고, 땅에도 먹을거리가 풍성하다 보니, 새들이 굳이 공중으로 날아오를 필요가 없어진 것입니다. 안일은 새를 무기력하게 만들지만 시련은 새를 날아오르도록 합니다. 이렇듯 시련은 우리의 삶을 높이 끌어 올리는 필수 요소입니다. 시련을 기쁨으로 감당하는 지혜로운 신자들이 되십시오.

충만한 기쁨이 있으면
곤경도 더 큰 헌신의 기회가 됩니다

"형제들아 하나님께서 마게도냐 교회들에게 주신 은혜를 우리가 너희에게 알게 하노니
환란의 많은 시련 가운데서 저희 넘치는 기쁨과 극한 가난이
저희로 풍성한 연보를 넘치도록 하게 하였느니라"(고후 8:1-2).

믿음이 없는 사람들은 자신에게 시련이 많고, 핍박도 심하기에 하나님을 잘 섬길 수 없다고 말합니다. 그러나 사실 신앙의 원리는 그 반대입니다. 큰 시련과 심한 핍박 속에 있는 사람이 오히려 더 아름답게 하나님을 섬깁니다.

마게도냐 교회를 보십시오. 바울은 고린도 교회에 보내는 편지에서 마게도냐 교회에 대해 이렇게 말합니다. "형제들아 하나님께서 마게도냐 교회들에게 주신 은혜를 우리가 너희에게 알게 하노니 환란의 많은 시련 가운데서 저희 넘치는 기쁨과 극한 가난이 저희로 풍성한 연보를 넘치도록 하게 하였느니라"고후 8:1-2.

사실 마게도냐 교회는 매우 가난한 교회였습니다. 그러면 무엇이 이 열악하고 고통스러운 처지에 있는 마게도냐 교회로 하여금 넘치도록 하나님을 섬기게 만들었을까요? 성경은 그 비결을 '기쁨'이라고 말합니다. 충만한 기쁨이 있었기에, 많은 시련 가운데도 헌신할 수 있었던 것입니다.

그들의 헌신이 어느 정도였습니까? 고린도후서 8장 3절은 그들이 힘대로 할 뿐 아니라 힘에 지나도록 자원하여 헌신했다고 말합

니다. 바울이 볼 때에도 무리하게 하였으니, 그들의 헌신의 정도가 어 떠했는지 가히 짐작할 수 있습니다.

사랑하는 여러분! 기쁨은 그저 마음에 머물러 우리 인생을 위안하는 역할만 하는 것이 아닙니다. 기쁨은 신자의 모든 섬김의 동력입니다. 마게도냐 교회는 기쁨이 있었기에 환난 중에도 넘치게 헌신했습니다. 고린도후서 9장의 기록으로 보건대, 하나님의 자녀가 되었다고 해서 모두가 마게도냐 교인들처럼 넘치게 연보하지는 않았음이 분명합니다. 고린도 교회는 물자가 풍부한 항구 도시에 세워진 부유한 교회였지만, 바울로 하여금 몇 번이고 풍성한 연보를 권면하게 할 만큼 인색하였습니다. 마게도냐 교회와 고린도 교회의 차이는 '충만한 기쁨이 있는가?' 였습니다.

살아있어도 스스로 호흡하지 못하면 인공 호흡기를 달고 죽은 자처럼 침대에 누워 있어야 하듯, 구원을 받았어도 충만한 기쁨을 소유하지 못하면 하나님을 기쁘시게 하는 그 어떤 섬김도 할 수 없습니다.

마음에 두고 생각하기

마게도냐 교회는 '곤경에 처해 있더라도 하나님을 사랑하기만 하면 그 역경과 상관없이 하나님이 받으실 만한 향기로운 섬김으로 하나님을 기쁘시게 할 수 있음'을 우리에게 보여 줍니다. 하나님을 향한 진실한 사랑이 있습니까? 충만한 기쁨이 있으면, 환란과 시련은 오히려 더 큰 헌신의 기회입니다.

신자의 기쁨은 환경이 주는 것이 아니라 은혜가 주는 것입니다

"형제들아 하나님께서 마게도냐 교회들에게 주신 은혜를 우리가 너희에게 알게 하노니 환란의 많은 시련 가운데서 저희 넘치는 기쁨과 극한 가난이 저희로 풍성한 연보를 넘치도록 하게 하였느니라"(고후 8:1-2).

기쁨이 마게도냐 교회로 하여금 넘치도록 헌신하게 만들었다면, 대체 그 기쁨은 어디서부터 온 것일까요? 사도 바울은 그 기쁨의 원천이 '하나님께서 마게도냐 교인들에게 주신 은혜'라고 말합니다.

하나님이 은혜를 부어 주시고, 그 은혜로 말미암아 마게도냐 교인들의 마음속에 신령한 기쁨이 가득 차게 되니, 환난의 많은 시련도 마게도냐 교회의 헌신의 열정을 잠재울 수 없었던 것입니다.

우리는 흔히 좋은 일이 일어나야 기쁨이 생긴다고 생각합니다. 사실 일반 섭리 속에서 육신적인 축복을 통해 다양한 기쁨을 누리지 않았습니까? 우리가 사랑하는 사람들이 잘 되었다는 소식을 듣거나, 어렵던 살림에 물질이 보태어지거나, 계획했던 일이 순조롭게 성사되면 너무나 기쁩니다. 그러나 좋은 환경이 주는 기쁨은 환경이 나빠지면 이내 사라집니다. 그런 기쁨으로는 환경을 이기며 하나님을 섬길 수 없는 것입니다.

우리로 하여금 고난을 이기며 순종의 길을 가게 하는 기쁨은 하나님이 베풀어 주시는 은혜로부터 비롯됩니다. 신자를 신자답게 하는 기쁨은 환경이 아니라 은혜가 가져오는 것입니다.

그런데 우리에게 풍성한 은혜가 쏟아지던 때는 우리가 육신적인 축복을 받으며 살아가던 때와 일치하지 않는 경우가 많습니다. 하나님이 넘치도록 부어 주셔서 분에 넘치는 것을 누리며 사는데도 추호도 감사하지 않던 때가 있는가 하면, 시련의 가시밭길을 걷고 고통의 음침한 골짜기를 지나는데도 "하나님 한 분만으로 충분합니다. 나의 잔이 넘치나이다."라고 고백할 수 있던 때가 있는 것입니다.

마게도냐 교회가 기뻐할 수 있었던 것은 어느 부자가 등록해서 예루살렘 교회를 위해 거액의 헌금을 했기 때문이 아니며, 환난이 그치고 시련이 사라진다는 희소식이 전해졌기 때문도 아니었습니다.

상황은 변하지 않았어도, 하나님의 은혜가 임하자 기쁨이 찾아왔습니다.

세상을 바라보며 "언제쯤이면 환경이 좋아져서 내 마음이 기쁨으로 가득 찰까?"라고 한탄하지 마십시오. "환경이 좋아지면 나도 하나님을 잘 섬기며 살 텐데."라고 변명하지 마십시오. 부족한 것은 환경이 아니라 은혜입니다.

마음에 두고 생각하기

여러분의 기쁨의 원천은 어디입니까? 세상사만 뜻대로 잘 풀리면 기쁨이 찾아올 것 같습니까? 신자를 신자답게 살 수 있게 하는 것은 세상이 주는 기쁨이 아니라 은혜로부터 말미암는 기쁨입니다.

신자가 희망해야 할 것은
환경의 개선이 아니라 은혜입니다

"하나님이 능히 모든 은혜를 너희에게 넘치게 하시나니 이는 너희로 모든 일에 항상 모든 것이 넉넉하여 모든 착한 일을 넘치게 하게 하려 하심이라"(고후 9:8).

우리에게 잘 알려진 영화 '쿼바디스' Qvo Vadis, 1951에는 초기 기독교에 대한 박해가 잘 묘사되어 있습니다. 당시는 예수 그리스도를 믿는다는 이유 때문에 로마의 원형 경기장에서 사자의 밥이 되기도 하고, 십자가 형틀에서 참수형을 당하기도 하였던 어려운 시기였습니다.

그래서 사도 베드로는 핍박과 어려움 가운데 있는 성도들을 위로하기 위해 편지를 썼는데, 그것이 바로 베드로전서입니다. 그런데 흥미로운 것은 이 편지의 내용입니다. 환란 중에 있는 신자들을 격려하기 위한 편지인데, 위로의 내용보다는 신자의 의무와 거룩한 삶의 방식에 대한 가르침이 대부분인 것입니다.

핍박 가운데 있는 신자들에게 이런 내용의 편지를 보낸 것은 고난이 오면 믿음생활에 소홀해지는 경우가 많기 때문입니다. 고난을 핑계로 경건생활이 해이해지고, 낙담한 나머지 방종으로 나아가기도 하는 것입니다. 그러나 고난과 시련 가운데 있는 신자의 올바른 태도는, 고난과 시련의 때이기에 더더욱 믿는 도리를 굳게 붙잡고 신자다운 삶을 사는 것입니다.

사도 베드로는 핍박받는 환경의 개선이 아니라 하나님으로부터 부어지는 충만한 은혜가 당시 신자들이 처한 문제 상황의 올바른 해결 방법임을 알았습니다. 그래서 모든 행실에 있어서 더욱 거룩하여질 것을 요구하며, 하나님의 은혜를 더욱 간절히 사모할 것을 권면했습니다.

시대가 바뀌었지만, 신자가 환란 중에 가져야 할 태도는 지금도 동일합니다. 진정한 인생의 개선은 은혜로부터 시작하기 때문입니다.

그러므로 우리는 환경과 처지에 희망을 걸지 말고, 하나님과의 관계에 희망을 걸어야 합니다. 마게도냐 교회를 보십시오. 가난하고 시련이 많은 교회였지만, 하나님이 은혜를 부어 주시니 기쁨이 넘치는 교회가 되었습니다. 극한 가난 중에 있었으나 은혜가 부어지니, 위대한 헌신의 주역이 되었습니다.

여러분의 형편과 처지가 마게도냐 교회 같습니까? 소망을 가지십시오. 우리의 궁핍함은 그리스도 안의 부요를 맛보기 위한 기회이며, 환난과 많은 시련은 하나님의 위대한 능력을 체험하는 통로입니다.

마음에 두고 생각하기

하나님의 은혜에 힘입어 살아가고 있습니까? 신자가 희망을 걸어야 하는 것은 환경이 아니라 하나님과의 관계입니다. 충만한 기쁨은 상황이 호전되고 처지가 달라진다고 주어지는 것이 아니라, 하나님의 은혜가 부어질 때 주어지는 것이기 때문입니다.

하나님에 대한 믿음은 인생의 어려운 시기를 기쁨으로 살아갈 수 있게 합니다

"그러므로 내가 그리스도를 위하여 약한 것들과 능욕과 궁핍과 핍박과 곤란을 기뻐하노니 이는 내가 약할 그 때에 곧 강함이니라"(고후 12:10).

가난하여 정규 학교를 제대로 다니지 못하였음에도 불구하고 미국의 역사를 통 털어 가장 큰 영향력을 발휘한 인물이 있습니다. 바로 미국의 제16대 대통령 에이브러햄 링컨Abraham Lincoln입니다.

링컨은 대통령 자리에 오르기까지 주지사, 하원의원 등의 선거에서 여러 번 낙선했습니다. 그런데 그는 낙선할 때마다 낙심하거나 누군가를 원망하기는커녕, 더 당당히 거리로 나갔다고 합니다. 당선자를 발표하던 날, 자신이 낙선되었다는 것을 알고는 음식점으로 가서 맛있는 음식을 배불리 먹고, 이발소로 가서 곱게 머리를 다듬고, 길에서 만나는 사람들과 인사를 나눈 것입니다. 링컨의 밝고 당당한 모습에 주위 사람들은 당혹스러워했지만, 링컨은 "하나님께서 더 좋은 것을 예비하셨을 것입니다. 나는 그저 힘내면 됩니다." 라고 말하며 의연했습니다.

가장 고난이 넘치던 때를 가장 기쁨이 넘치던 시기로 살아간 또 한 명의 사람이 있습니다. 바로 사도 바울입니다. 빌립보서를 쓸 때에 바울은 감옥에 있었습니다. 생명을 기약할 수 없는 사형수의 신세였지만, 이미 그는 이 세상을 떠나 꿈에도 그리던 예수 그리스도와 함께 있으리라 마음을 확정하였기에 평안이 넘쳤습니다. 그래서 이 짧은 편지에는 기뻐하라는 말을 무려 18번이나 반복합니다. 덕분에 빌립보서는 기쁨의 서신이라는 별명으로도 불리는 것입니다.

우리는 기쁨이 우리 육신의 편안함이나 물질의 많음, 그리고 우리를 즐겁게 하는 어떤 것들 때문에 생긴다고 생각합니다. 그래서 기쁨이 없는 것은 우리 주변에 그런 일들이 일어나지 않기 때문이라고 단정합니다. 그러나 이것은 잘못된 추론입니다. 바울의 기쁨은 하나님께 소망을 두었기 때문에 누렸던 것이지, 감옥 안에서 무언가 근사한 경험을 했기 때문이 아니었습니다.

사랑하는 여러분! 누구에게나 시련은 있습니다. 그러나 어떤 사람은 시련의 때를 고통 속에서 보내고, 어떤 사람은 기쁨 속에서 보냅니다. 여러분은 어느 쪽입니까? 하나님께서 당신의 자녀들에게 기대하시는 인생의 어려운 시기를 견디는 방식은 기쁨입니다. 시험이 오나, 고난이 오나, 기쁨으로 살아가게 하기 위해 하나님께서는 놀라운 은혜를 예비하셨습니다. 구하지 않고, 찾지 않기에 누리지 못하는 것일 뿐입니다. 하나님의 선하심을 바라보며, 인생의 어려운 시기를 기쁨으로 살아가는 지혜로운 주의 자녀들이 되기를 바랍니다.

마음에 두고 생각하기

인생의 가장 어려운 고비를 지나고 있습니까? 기쁨이 없는 것은 시련이 많아서가 아니라 믿음이 부족하기 때문입니다. 하나님을 향한 믿음이 있으면, 인생의 가장 어려운 고비를 지나고 있다 할지라도 기뻐할 수 있습니다.

한 점 죄악도 한 점 실수도 범하지 않으셨건만 예수님의 생애는 고난의 점철이었습니다

"그가 찔림은 우리의 허물을 인함이요 그가 상함은 우리의 죄악을 인함이라
그가 징계를 받음으로 우리가 평화를 누리고
그가 채찍에 맞음으로 우리가 나음을 입었도다"(사 53:5).

예수 그리스도의 일생은 누군가에게 손해를 끼친 일생이 아니라 유익을 주는 생애였습니다. 병든 자의 친구가 되셨고, 고통하는 자의 위로가 되셨으며, 굶주린 자를 먹이셨고, 가난한 자들의 동무가 되셨습니다. 버림 받고 외로운 자에게는 이웃이, 병자에게는 의사가 되어 주셨던 그분이건만, 세상은 그분에게 적대적일 뿐이었습니다.

한 점 잘못도, 한 점 실수도 범하지 않으셨지만, 핍박을 당하고 고초를 겪으셨습니다. 사실 흉악한 범죄자가 아니면 매달리지 않는 십자가에 예수 그리스도께서 매달리셔야 했던 것은 그분에게 죄가 있어서가 아니라, 그분이 대속해야 했던 우리의 죄가 한없이 큰 것이었기 때문이었습니다.

하나님의 아들이셨던 그분의 손에 굵은 못이 박혔고, 죄인들이 있는 곳이면 어디든지 찾아가셨던 발에도 못이 박혔습니다. 자나 깨나 늘 영혼들에 대한 생각, 하나님의 영광과 그 나라에 대한 생각으로 가득 차 있던 예수님의 머리에는 가시 면류관이 씌워졌고, 단 한 번도 게을러 본 적 없는 몸은 모진 채찍과 고난으로 피투성이가

된 채 십자가 위에 매달렸습니다.

 십자가에 못 박혀 죽는 형벌은 사람이 고안해 낸 가장 잔인한 사형 집행 방법이라고 합니다. 인류 역사상 이보다 더 사람을 고통스럽게 죽이는 방법은 없었습니다. 십자가에 못 박힌 채로 매달려 있는 동안 서서히 피가 흐르게 되는데, 상처에서는 견디기 힘든 통증이 계속되고 출혈이 야기한 두통은 가히 상상하기 힘들 정도로 극심했습니다. 그래서 십자가에 매달린 죄수들은 죽기 전에 여러 번 혼절했다가 깨어나고, 깨어났다가 다시 혼절하는 일들을 반복하며 서서히 죽어갔습니다. 생명이 붙어 있는 동안, 최대한의 고통을 끝까지 맛보게 하는 것이 십자가 형벌의 잔인함이었습니다. 그래서 당시 로마 사람들은 '스타우로스' $\sigma\tau\alpha\upsilon\rho\acute{o}\varsigma$, 곧 '십자가'라는 말만 들어도 아주 끔찍하게 생각했습니다.

 이 고통스러운 형벌을 예수 그리스도께서 감당하셨습니다. 비단 십자가에 달리셨을 때 뿐 아니라 그분의 일생 전체가 안락한 삶과는 거리가 멀었던 고난의 생애였습니다.

 그럼에도 불구하고 주님은 한 순간도 아버지를 기뻐하지 않으신 때가 없었습니다. 더욱이 기꺼이 인간의 몸으로 오셔서 가장 죄 있는 자들 속에 유하시며, 죄인들의 친구로 여김 받기를 기뻐하셨습니다. 왜냐하면 그들을 그 죄로부터 건져 내시는 유일한 길이 당신이 고난을 받으며 사시는 것이었기 때문입니다. 이처럼 주님은 그 모든 것이 당신께 부당함에도 우리의 질고를 지시고 우리의 슬픔을 지셨습니다. 그래서 우리를 그 질고로부터 구하셨고 그 슬픔 대신 기쁨의 관을 씌워 주셨습니다.

그렇다면 신자의 삶은 어떠해야 합니까? 그리스도인은 말 그대로 예수를 따라 사는 사람들입니다. 그들의 삶은 세상의 풍조와 같이, 자신의 상처를 건드리면 자지러질 듯이 아파하거나 썩어질 사상에 의존하여 헛된 치유를 바라는 삶이 아닙니다. 이 땅 위에서 훌륭한 집을 짓고 영원히 살 사람들처럼 움켜 쥐며 사는 삶도 아닙니다. 더욱이 우리가 인생에서 만나는 작은 고난들로 인하여 막다른 곳에 다다른 사람들처럼 불평하는 삶도 결코 아닌 것입니다.

오히려 매일매일 우리의 인생 길을 걸어가며 그리스도의 고난을 묵상하고, 그리스도 예수께서 이 땅을 살아가셨던 방법으로 아버지를 기뻐하며 그분으로 인한 기쁨을 세상에 전하며 살기에 힘써야 하는 것입니다.

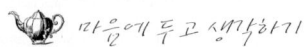
마음에 두고 생각하기

고난은 하나님을 기뻐할 수 없는 이유가 아니라, 세상을 향한 관심을 끊고 하나님 안에서 참된 기쁨을 찾을 기회입니다.

가장 고통스러운 순간에도, 예수 그리스도는 고난을 피하지 않으셨습니다

"쓸개 탄 포도주를 예수께 주어 마시게 하려 하였더니 예수께서 맛보시고 마시고자 아니하시더라"(마 27:34).

예수님께서 십자가에 못 박히신 때는 오늘날 시간으로 환산하면 금요일 오전 9시 경입니다. 전날 밤 제자들과 함께 최후의 만찬의 떡을 떼신 예수님은, 그 후 겟세마네 동산에 올라가 밤이 새도록 기도하셨습니다. 몇 시인지 정확히 알 수는 없지만 새벽 이른 시간에 체포되셨고, 모진 고초를 겪은 후, 빌라도에게서 재판을 받으시고 골고다 언덕을 오르시게 됩니다. 십자가를 지고 골고다 언덕에 올라가서 못 박히셨으니 이 때가 아침 9시였고, 예수님은 6시간 동안 십자가에 매달려 계시다가 오후 3시 경 돌아가셨습니다.

그 6시간 동안 예수님은 일곱 마디의 말씀을 남기셨는데 대부분 불쌍한 죄인들을 향한 말씀이거나 하늘에 계신 아버지를 향한 기도였습니다. 그런데 오직 한 마디, 지극히 개인적인 말씀이 있었습니다. 바로 다섯 번째 말씀인 "내가 목마르다."입니다. 이것은 십자가에서 당하는 고통을 피력하신 개인적인 말씀으로, 우리는 이 다섯 번째 말씀 안에서 그분이 참 사람이었음을 볼 수 있습니다. 우리의 죄를 대속하기 위해 흠 없는 존재여야 했지만, 동시에 상처를 입으면 고통을 느끼는 우리와 똑같은 사람이었던 것입니다.

그런데 그렇게 타는 듯한 갈증을 느끼고 계셨음에도 불구하고 예수님께서는 포도주를 거절하셨습니다. 맛을 보니, 마취제의 효력을 가진 쓸개 탄 독주였기 때문이었습니다.

사실 십자가 위에서 죽어 가는 죄수의 입가에 막대기로 쓸개 탄 포도주를 적신 헝겊을 대어 주는 것은 일종의 관습이었습니다. 아무리 죄인이지만, 십자가 고통은 너무나 극심한 것이었기에 마지막 고통이라도 덜어 주고자 했던 것입니다.

그러나 예수님은 그것을 거절하셨습니다. 가장 고통스러운 순간이었지만, 고통을 면해 보려 몸부림치는 대신 의연하게 견디셨습니다. 그 고통의 의미를 알고 있기에, 그 고통의 결과를 바라보고 있었기에, 예수님은 피하지 않으셨던 것입니다.

여러분! 지금 우리가 누리고 있는 모든 아름답고 선한 것이 어디로부터 왔습니까? 예수 그리스도의 그 고난을 통해 우리에게 주어졌습니다. 예수님께서 고통이라면 무조건 회피하고, 고난이라면 어찌하든지 모면해 보려는 우리와 같은 태도를 보이셨다면, 우리의 구원도 없었을 것입니다. 하나님의 뜻이라면, 그것이 설령 고난일지라도 피하지 않는 믿음의 백성들이 어찌 아름답지 않겠습니까?

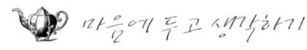
마음에 두고 생각하기

고통이라면 무조건 회피하고, 고난이라면 어찌하든지 모면해 보려 하지는 않습니까? 이러한 태도로는 하나님의 뜻을 이루며 살아갈 수 없습니다.

고난을 피하지 않고 감당하는 것은
무능해서가 아니라
하나님의 지혜를 신뢰해서입니다

"오직 부르심을 입은 자들에게는 유대인이나 헬라인이나
그리스도는 하나님의 능력이요 하나님의 지혜니라"(고전 1:24).

예수님께서는 십자가에 매달려 살이 찢어지고 뼈가 갈라지는 고통을 겪고 있었습니다. 한 모금 독주를 마시고 약간이나마 고통을 경감한다고 해서 예수 그리스도의 십자가 공로가 퇴색하는 것도 아니었습니다. 그러나 예수님은 쓸개 탄 포도주를 거절하셨습니다.

예수님은 왜 스스로 극심한 고통을 선택하셨을까요? 이것은 그분이 고지식하고 미련하였기 때문이 아닙니다. 사실 예수 그리스도의 지상 생애 자체가 하나님의 구원 사역을 이루기 위해 그분 스스로 선택한 고난이었습니다. 피해 가려고 했다면, 처음부터 이 땅에 오시지도 않았을 것입니다.

무엇을 위한 고난인지 알기에 예수님은 얕은 수로 적당히 피해 가기를 원치 않으셨습니다. 예수님께서 십자가에 매달리신 것은 아버지의 강요에 못 이겨서가 아니라, 우리를 사랑하셨기 때문입니다. 우리가 아직 죄인 되었을 때에 우리를 사랑하사, 우리를 위해 대신 죽으셨던 것입니다.

따라서 견딜 수 없는 십자가의 고통 속에서도, 예수님의 눈에는 대속의 결과로 나타날 아름다운 열매들이 보이셨을 것입니다. 고통의 십자가가 단지 형벌 자체로 끝나는 것이 아니라, 수많은 하나님의 백성들에게 새 생명을 선사할 것임을 아셨기에 예수님은 고통까지도 달게 받으셨습니다.

생명이신 그분이 죽음에 삼킨 바 되었던 것은, 세상 모든 것을 창조하신 그분이 한 모금의 물이 없어 마른 목을 참으셔야 했던 것은 모두 우리 때문이었습니다.

예수 그리스도께서 십자가에 못 박혀서 강도들과 동류가 되어 죽어 가셨던 것은 그분이 무능해서가 아니라, 하나님의 놀라운 지혜 때문이었습니다. 예수께서 우리의 죄를 대신 담당하고 버림을 받으셨으나, 우리는 주님 앞에 용납되게 하기 위해 하나님이 마련해 놓으신 대속의 지혜말입니다. 그 하나님의 지혜를 깊이 신뢰하셨기에 묵묵히 그 짐을 지시고 십자가에 매달리셨던 것입니다.

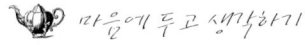
마음에 두고 생각하기

예수님은 당신이 당하시는 고난이 하나님 아버지의 놀라운 구원의 지혜임을 알았기에, 극심한 고통이었건만 피하지 않으셨습니다. 하나님을 신뢰하십니까? 그분의 무한한 지혜를 믿으십니까? 그렇다면 당장은 이해할 수 없는 고난이라 할지라도 감사함으로 이겨 낼 수 있습니다.

기독교는 고난의 종교요, 고난은 하나님의 선물입니다

"고난 당한 것이 내게 유익이라 이로 인하여 내가 주의 율례를 배우게 되었나이다"(시 119:71).

성경은 절대로 인간에게 하나님을 믿기만 하면 삶 가운데 그가 원하는 기쁜 일만 일어날 것이라고 말하지 않습니다. 오히려 하나님께 의롭다고 인정을 받았던 많은 믿음의 사람들은 풍파가 몰아치는 고난을 겪었던 사람들이었습니다. 하나님께서는 고통과 고난이 우리의 인생에 실제로 일어나도록 허락하십니다. 그리고 진리의 빛 없이 우리는 그 의미를 알지 못합니다. 오히려 우리는 그 고통과 괴로운 환란이 전혀 불필요한 것으로 느껴지고, 마치 우리 몸에 달라 붙은 더러운 벌레처럼 떼어 내기 위해서 몸부림치지만 주님은 말할 수 없는 지혜와 섭리 가운데 그것을 사용하셔서 우리를 향한 당신의 거룩한 뜻을 이루어 가십니다.

그런 주님께서 제자들을 모아 놓고 말씀하셨습니다. "아무든지 나를 따라 오려거든 자기를 부인하고 자기 십자가를 지고 나를 좇을 것이니라"막 8:34下. 주님이 가르치신 대로 우리에게도 십자가가 있습니다. 그리고 그 십자가를 지고 살아가려 할 때 수많은 유혹들이 다가옵니다. 때로는 세상의 유혹으로, 때로는 그럴싸한 설득으로, 때로는 육신의 욕망에 부합하는 자기 합리화로 쓸개 탄 포도주가 우리 앞에 나타나는 것입니다.

그것을 마시면 잠시는 십자가의 고통을 잊을 수 있을 것입니다. 그러나 그렇게 해서는 안 됩니다. 그러면 그 고난 속에 깃든 하나님의 계획을 온전히 성취할 수 없기 때문입니다.

살아있는 모든 것들은 행복하고 평안하기를 원하지, 피눈물 나는 아픔을 좋아하지 않습니다. 하지만 싫다고 피할 수도 없는 것이 저마다의 십자가입니다. 불신자들의 경우 자신의 몫인 삶의 어려움들을 외면하거나 회피하기도 하지만, 신자들은 그래서는 안 됩니다. 원하지 않던 상황이라도, 일이 그렇게 된 데는 분명 하나님의 특별한 섭리가 있을 것이기 때문입니다.

위대한 신학자 조나단 에드워즈Jonathan Edwards는 "기독교는 고난의 종교요, 고난은 하나님의 선물이다. 고난을 통해서 교회는 교회일 수 있었고, 신자들은 비옥한 신앙의 토양을 가질 수 있었기 때문이다."라고 말했습니다. 신자에게 고난은 기꺼이 감당해야 할 영적 성숙의 통로인 것입니다.

그러므로 쓸개 탄 포도주를 거절하신 예수 그리스도의 정신은 오늘을 사는 우리에게도 꼭 필요합니다. 그것이야말로 예수 그리스도로 인해 구원을 얻고, 그분의 뒤를 따르게 된 우리 모두를 향한 하나님의 기대이기 때문입니다.

생각해 보십시오. 우리가 고난을 당하여야 할 그 자리에 고난의 아픔이 없다면, 우리가 과연 하나님을 의지할까요? 우리에게 십자가가 없다면 이 세상이 얼마나 헛된 것인지 자각할 수 있을까요? 우리가 쓸개 탄 포도주의 유혹에 넘어 간다면, 잠시 머물 이 세상을 떠나 영원히 계시는 예수 그리스도와 하나 되기를 원하는 천상의 소망을 유지할 수 있을까요?

그래서 하나님은 사랑하는 사람들에게는 고난을 주십니다. 평탄한 길을 걸어가면서 하나님을 잊고 살게 내버려 두지 아니하시고, 고난의 길을 가지만 매순간 변함없이 하나님을 생각하게 하시는 것입니다.

 마음에 두고 생각하기

"기독교는 고난의 종교요, 고난은 하나님의 선물이다. 고난을 통해서 교회는 교회일 수 있었고, 신자들은 비옥한 신앙의 토양을 가질 수 있었기 때문이다."라는 말에 동의하십니까? 하나님께서는 사랑하는 당신의 자녀들의 눈에 때때로 눈물이 흐르게 하십니다. 이 세상을 향한 욕망이 그 눈물에 씻겨져서, 하늘나라를 볼 수 있게 하시려고 말입니다.

고난을 피하려다 보면
죄 또는 불순종으로 나아가게 됩니다

"우리가 환난 중에도 즐거워하나니 이는 환난은 인내를, 인내는 연단을,
연단은 소망을 이루는 줄 앎이로다"(롬 5:3下-4).

고난을 당할 때 그것을 무조건 우리를 혼내시는 하나님의 채찍이라고 생각하는 사람들이 있습니다. 무엇인가 잘못했기 때문에 고난이 온 것이라 생각하는 것입니다. 그러나 그렇지 않은 경우도 많습니다.

하나님은 어떤 사람에게는 돈과 명예를 주셔서 사랑을 표하시지만 어떤 사람에게는 고난을 주시어 사랑을 표하십니다. 그 고난을 통해서 목마르게 하나님을 찾게 하시고, 그 부르짖음에 응답하사 그 영혼을 만족시키시는 것입니다.

그런데 그러한 고난을 피하려고 한다면 어떤 일이 벌어질까요? 이리 빼고 저리 빼다 보면 당장은 고난을 피하는 듯하기도 합니다. 그러나 그렇게 도망간 곳에는 어려움이 없겠습니까? 결국 고난을 피한다는 것은 고난을 피해 고생을 택하는 것일 뿐입니다. 믿음으로 고난을 택하든지, 사명을 빗겨 감으로 고생을 택하든지 둘밖에는 길이 없는 것입니다.

그러므로 우리에게 필요한 태도는 하나님을 의뢰하며 기꺼이 그 고난을 감당하는 것입니다. 피하려고 애쓰다 보면, 죄를 짓게 되거

나 불순종하게 될 뿐입니다.

인생에 고난이 있습니까? 이렇게 기도하십시오. "그렇습니다, 주님. 예수님이 죽기 위해서 이 세상에 오신 것처럼, 저도 주님을 위해 죽도록 구원을 받았습니다. 진흙과 같은 나를 빚으셔서 주님의 뜻대로 만드시고, 나를 한 알의 밀알과 같이 사용하시옵소서. 저는 아무래도 괜찮습니다." 이것이 바로 십자가의 정신입니다.

"우리가 사방으로 우겨 쌈을 당하여도 싸이지 아니하며 답답한 일을 당하여도 낙심하지 아니하며 핍박을 받아도 버린 바 되지 아니하며 거꾸러뜨림을 당하여도 망하지 아니하고 우리가 항상 예수 죽인 것을 몸에 짊어짐은 예수의 생명도 우리 몸에 나타나게 하려 함이라"

고후 4:8-10.

마음에 두고 생각하기

쉽게 살도록 유혹하는 쓸개 탄 포도주 잔을 거절하고, 내게 지워진 십자가를 기꺼이 감당하며 걸어가는 삶, 그 길이 가장 지름길이고 가장 선한 길입니다. 고난을 피하려는 시도는 고생을 찾아 떠나는 것이요, 죄와 불순종으로 나아가는 것이기 때문입니다.

복음을 전한 사람의 최고의 기쁨은
진리 안에서 행하는 모습을 보는 것입니다

"형제들이 와서 네게 있는 진리를 증거하되 네가 진리 안에서 행한다 하니 내가 심히 기뻐하노라 내가 내 자녀들이 진리 안에서 행한다 함을 듣는 것보다 더 즐거움이 없도다"(요삼 1:3-4).

요한3서는 사도 요한이 가이오라는 지체에게 보낸 편지입니다. 가이오가 누구인지 정확히 알 수는 없지만, 사도 요한과 신앙 안에서 친밀한 사귐을 갖던 사이인 것만은 분명합니다. "사랑하는 자여"라고 부르며 신앙적 충고를 아끼지 않은 것으로 보아, 요한으로부터 목양을 받던 사람이었을지도 모릅니다.

어쨌거나 그런 가이오에게 사도 요한은 한없이 기쁜 마음으로 편지를 쓰고 있습니다. 누군가로부터 "가이오가 진리 안에서 행한다."라는 소식을 들었기 때문이었습니다. "장로는 사랑하는 가이오 곧 나의 참으로 사랑하는 자에게 편지하노라 사랑하는 자여 네 영혼이 잘 됨같이 네가 범사에 잘 되고 강건하기를 내가 간구하노라 형제들이 와서 네게 있는 진리를 증거하되 네가 진리 안에서 행한다 하니 내가 심히 기뻐하노라 내가 내 자녀들이 진리 안에서 행한다 함을 듣는 것보다 더 즐거움이 없도다"요삼 1:1-4.

요한3서의 이 짧은 말씀은 우리에게 진정한 기쁨이 무엇인지, 우리가 어떻게 될 때 하나님께서 우리를 기뻐하시는지 깨닫게 해줍니다.

가이오는 진리를 소유하고 있었습니다. 진리란 하나님 자신입니다. 즉 가이오가 하나님을 마음에 품고 있었고, 진심으로 하나님을 기뻐하고 있었다는 것입니다.

하나님을 기뻐하고 있었기에, 가이오는 진리 안에서 행할 수 있었습니다. 그리고 그의 그런 모습은 목자인 요한의 마음에 큰 기쁨을 선사했습니다.

진리를 따라 생활하며 진리에 순종하고 있습니까? 여러분의 영혼을 돌보는 목자의 가장 큰 소원은 하나님이 여러분 안에 있는 것, 그래서 여러분이 영원하며 불변하신 하나님을 즐거워하고 기뻐하는 것, 바로 그것입니다.

하나님을 즐거워하고 기뻐하는 사람은 필연적으로 진리를 따르는 삶을 살게 됩니다. 그리고 그렇게 진리 안에서 사는 것이야말로 여러분을 섬기는 목자에게 최고의 기쁨을 선사하는 것이요, 나아가 우리 하나님의 마음에 최고의 기쁨을 드리는 것입니다.

마음에 두고 생각하기

가이오가 진리를 따라 생활하고 있다는 소식을 듣고 사도 요한이 뛸 듯이 기뻐했던 이유는, 그것은 곧 가이오 안에 하나님 자신이 있다는 의미이기 때문입니다. 여러분은 여러분을 돌보는 목자의 마음에 어떤 존재입니까? 나아가 하나님의 마음에 어떤 존재입니까?

하나님이 기쁨의 이유가 되면 진리를 갈망하지 않을 수 없습니다

"(사랑은……) 불의를 기뻐하지 아니하며 진리와 함께 기뻐하고"(고전 13:6).

요한3서의 수신인 가이오는 사도 요한의 마음에 큰 기쁨을 선사한 매우 신실한 신자입니다. 그러나 태어날 때부터 그러했던 것은 아닙니다. 그러면 가이오가 어떻게 예전의 헛된 삶을 버리고 진리 가운데 행하는 삶을 살게 되었을까요?

그것은 하나님이 그의 기쁨의 이유가 되었기 때문입니다. 즉 하나님 자신을 사랑하고, 하나님만을 기쁨의 근원으로 삼았기 때문에 진리를 갈망하게 되었고, 진리를 사모했기에 진리를 따라 살 수 있었던 것입니다.

그러면 진리란 과연 무엇일까요? 영국 속담에 "진리와 기름은 항상 위에 있다. 진리는 모든 만물을 정복한다. 그리고 당신을 자유롭게 한다. 진리는 그대의 삶에 새로운 향기가 될 것이며, 살맛나게 할 것이다."라는 말이 있습니다.

하지만 요한에게 있어 진리는 여기서 더 나아갑니다. 그에게 진리는 하나님의 말씀과 예수 그리스도 자신이었습니다. 요한복음은 진리에 대한 예수님의 언급을 다음과 같이 기록하고 있습니다. "진리를 알지니 진리가 너희를 자유케 하리라"요 8:32, "예수께서 가라

사대 내가 곧 길이요 진리요 생명이니 나로 말미암지 않고는 아버지께로 올 자가 없느니라"요 14:6, "……내가 이를 위하여 났으며 이를 위하여 세상에 왔나니 곧 진리에 대하여 증언하려 함이로라 무릇 진리에 속한 자는 내 소리를 듣느니라 하신대"요 18:37.

여러분! 신자의 행복은 흔히 말하는 부귀영화가 아닙니다. 우리의 영혼이 잘 되어 진리 안에 사는 기쁨이 최고의 가치입니다. 그러기 위해서는 하나님을 기뻐하는 태도가 필요합니다. 하나님이 우리에게 기쁨이 되면, 피나는 희생의 대가를 치러야 할지라도 기꺼이 순종합니다. 사도들을 보십시오. 복음을 전하다가 피투성이가 되어도 즐거워하고 기뻐했습니다. 하나님을 사랑하니까, 하나님이 기쁨이 되시니까, 하나님의 뜻대로 순종하다 고난을 당하는 것이 불순종하면서 편안한 길을 걸어가는 것보다 훨씬 행복했던 것입니다.

마음에 두고 생각하기

하나님의 말씀에 순종하는 삶을 살고 있습니까? 진리이신 예수 그리스도 안에서 행하는 삶을 살고 있습니까? 진정한 행복은 부귀영화가 아니라 진리에 있습니다.

진리를 기뻐한다는 것은
하나님의 통치를 기뻐하는 것입니다

"여호와께서 통치하시나니 땅은 즐거워하며 허다한 섬은 기뻐할지어다"(시 97:1).

유명한 과학자 아인슈타인Albert Einstein 박사는 산책을 즐겼다고 합니다. 별들이 빛나는 어느 날 밤, 프린스턴의 산책로를 따라 걷던 그는 깊은 한숨과 함께 이렇게 말했습니다. "어쨌든 원자도 저 하늘을 파괴하지는 못해."

인간의 이성과 과학이 아무리 발달한다 해도 하나님의 섭리나 주권을 침해하지는 못합니다. 이 세상의 진정한 통치자는 하나님이신 것입니다.

그런데 신자라고 해서 모두가 하나님의 통치를 기뻐하는 것은 아닙니다. 신자 중에도 상황이 자신에게 유리하게 돌아갈 때만 하나님의 통치를 기뻐하는 사람들이 있습니다. 그들은 하나님을 사랑하는 사람이 아닙니다. 그들이 기뻐하는 것은 진리가 아니라 '자기 자신'이기 때문입니다.

하나님의 통치에 대한 태도는 한 사람의 신자가 하나님을 기뻐하는지 아닌지를 알아보는 척도입니다. 하나님을 사랑하고, 하나님을 기뻐하는 사람은 흔쾌한 마음으로 하나님의 통치에 복종합니다. 설사 하나님이 인도하신 길이 가시밭길이라 할지라도, 하나님의 뜻대로 살고 있다는 사실 때문에 기뻐합니다.

그들은 오히려 하나님의 통치를 거역하고 불순종하며 살아가는 것을 더 힘들어 합니다. 하나님과의 사이에 적대감이 감도는 것을 견딜 수 없기 때문입니다.

신자의 즐거움은 하나님 앞에서 사는 데 있지, 그분을 등지는 데 있지 않습니다. 하나님을 등지고 얻는 모든 즐거움은 결국 고통이 되어 돌아옵니다. 그러므로 우리는 하나님을 등지고 얻을 수 있는 기쁨에 마음을 주지 말아야 합니다. 그것은 우리의 몫이 아닙니다. 우리의 즐거움이 아닙니다. 잠시는 그것을 통해 기쁨을 얻고 자유를 누리는 것 같아도 결국은 사슬이 되어 우리의 영혼을 옭아 맬 것입니다.

하나님의 통치를 거부하는 것은 스스로 영혼의 속박으로 걸어가는 것과 다를 바 없습니다. 진정한 자유는 진리 안에 거하는 삶 속에, 하나님의 통치에 복종하는 태도 안에 있습니다.

마음에 두고 생각하기

하나님의 통치를 기뻐하며 사는 것이 우리의 분복입니다. 오늘날 많은 그리스도인들이 기쁨의 삶을 살지 못하는 이유는 진리를 행하는 삶을 거부하고, 하나님의 통치에 기꺼이 자신의 인생을 맡기지 못하기 때문입니다.

진리는 하나님 자신이요, 계명은 우리를 향해 보여 주신 하나님의 의지입니다

"저를 아노라 하고 그의 계명을 지키지 아니하는 자는 거짓말하는 자요 진리가 그 속에 있지 아니하되"(요일 2:4).

진리는 하나님 자신이고, 성령은 이 진리를 보게끔 비춰 주시는 빛이며, 계명은 진리이신 하나님이 우리를 향해 보여 주신 의지입니다. 그러므로 하나님을 기뻐하면 진리를 기뻐하게 되고, 진리를 기뻐하면 진리이신 하나님이 보여 주신 당신의 의지인 계명을 즐거워하게 됩니다.

반면 하나님에 대한 사랑이 없으면 하나님의 의지의 표현인 계명에 순종할 수 없습니다. 물론 하나님을 사랑하지 않으면서 하나님의 계명을 지키며 사는 사람이 있기도 합니다. 그러나 이것은 자신의 의를 세우기 위해서이거나, 기복적인 태도의 산물이지 사랑하기 때문에 하는 순종이 아닙니다.

보이지 않는 하나님을 향한 사랑은 보이는 삶 속에서 구체화됩니다. 하나님을 사랑하면 반드시 그분 자신인 진리를 기뻐하게 되고, 진리를 기뻐하면 그 구체적 구현인 계명에 순종하지 않을 수 없습니다. 그렇지 않다면 스스로 아무리 하나님을 사랑한다 생각할지라도, 그 사랑은 그저 느낌에 지나지 않습니다. 인정하기 싫어도 자신이 하나님으로부터 멀어져 있다는 것을 인정하고 회개해야 하는 것입니다.

여러분, 우리는 우리가 누구인지 잘 모릅니다. 때로는 우리 안에 있는 기쁨이 하나님만을 근원으로 삼은 기쁨인지조차도 잘 알 수 없을 때가 있습니다.

그러므로 우리는 기쁨의 순간에도 오히려 근심하며 자신의 기쁨의 근원이 무엇인지 묻고 살펴야 합니다. 만약 기쁨의 근원이 하나님 자신이 아니라 세상이라면 우리는 그 기쁨을 절제해야 합니다. 사라질 것들로 인한 기쁨은 우리의 영혼에 그 어떤 유익도 되지 못하기 때문입니다. 그러나 하나님 자신으로부터 오는 기쁨이라면 온 영혼으로 하여금 원 없이 그 기쁨을 누리도록 허락해 주어야 합니다. 그 기쁨이야말로 신앙의 최고의 행복, 즉 지성으로 하나님 자신을 바라보면서 느끼는 행복이기 때문입니다.

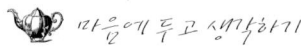
마음에 두고 생각하기

하나님을 기뻐하는 사람들은 보이지 않는 하나님을 향한 사랑을, 보이는 삶 속에서 구현하며 살아갑니다. 진리이신 하나님 자신을 기뻐하며, 우리를 향해 보여 주신 하나님의 의지인 계명에 순종하는 것입니다. 진리는 하나님이 우리에게 기쁨을 전해 주시는 통로이며 동시에 목적입니다. 진리를 통해 영원하고 불변하는 기쁨을 맛보고 있습니까?

이 세상이 우울하고 어두운 것은 물질이 부족하기 때문이 아니라 진리의 기쁨이 없기 때문입니다

"진리를 알지니 진리가 너희를 자유케 하리라"(요 8:32).

뉴스를 보기가 무서울 정도로 세상에는 슬프고 끔찍한 일들이 많습니다. 그러면 과연 무엇 때문에 세상은 이처럼 우울하고 어두운 것일까요? 지금 전 세계적으로 불고 있는 경제 불황의 한파 때문일까요? 그러나 호황기에도 세상에는 범죄가 판치고, 자살이 유행처럼 번지며, 슬프고 안타까운 일들이 많이 일어났습니다. 단순히 경제적 궁핍이 이 세상에 도사린 불행의 근원은 아닌 것입니다.

이 세상이 우울하고 어두울 수밖에 없는 진정한 이유는 진리의 기쁨이 없기 때문입니다. 우리가 살고 있는 세상은 진리를 따라 사는 사람을 오히려 이상하게 보는 사회입니다. 미국의 대표적인 기독교 작가 맥스 루케이도Max Lucado는 이런 현대 사회의 모습을 꼬집어 이렇게 말했습니다. "너희가 진리를 알지니 진리가 너희를 어색케 하리라."

진리를 오히려 어리석은 것으로 간주한 채 헛된 가치들만을 추구하며 살아가고 있기에, 영혼은 목마를 수밖에 없고 삶은 나날이 피폐해져 가는 것입니다.

여러분! 이 세상보다 천국이 좋은 이유가 무엇인지 아십니까? 그

곳에는 진리의 빛이 찬란하게 비치고 있기 때문입니다. 천국이 천국일 수 있는 것은, 그 곳이 진리로 가득 찬 곳이기 때문입니다. 천국에서 신자들이 누리게 될 기쁨은 먹고 마시며 안락한 삶을 누리는 데서 오는 기쁨이 아니라, 날마다 새롭게 점증하는 하나님의 영광스러운 계시의 빛을 보며 하나님을 더 깊이 알아가며 누리는 기쁨입니다.

천국은 하나님의 존재와 성품에 대한 깨달음이 가져온 극도의 희열이 무한히 계속되는 곳입니다. 하나님의 존재와 성품은 완전하시고 무한하시기에, 아무리 그것을 깨달아 간다 해도 그 아름다움은 아직 다 밝혀진 것이 아닙니다. 천국에는 누리고 누려도 끝이 없는 기쁨, 진리가 있는 것입니다.

신자의 특권은 이 세상에서 천국의 기쁨을 앞당겨 맛볼 수 있다는 것입니다. 우리는 지금도 하나님의 말씀을 깨닫고 거기서 하나님의 아름다움을 발견하고 희열을 느낄 수 있습니다. 이 얼마나 놀라운 특권입니까? 어리석은 세상의 풍조를 좇아 불행의 길로 가지 말고, 진리를 따라 참된 기쁨의 길로 걸어가는 여러분 되시기를 진심으로 소망합니다.

마음에 두고 생각하기

이 세상이 우울하고 어두운 것은 가난이나 질병 때문이 아닙니다. 물질의 많고 적음은 인간의 행불행을 좌우할 수 없습니다. 세상이 불행한 진정한 이유는 진리를 멸시하기 때문입니다. 진리의 기쁨이 없기에, 참된 행복도 없는 것입니다.

진리를 사랑하는 사람이라야
진리 안에서 행할 수 있습니다

"너희 모든 일을 사랑으로 행하라"(고전 16:14).

고대 그리스의 아테네에서 있었던 일입니다. 한 극장에서 국경일을 기념하는 연극을 공연하고 있었습니다. 한 노인이 조금 늦게 극장 안으로 들어섰는데, 초만원이라 앉을 자리가 없었습니다. 그 때 두리번거리고 서 있는 노인을 본 아테네인들은 "저 노인에게 자리를 양보하라."고 여기저기서 수군댔습니다. 그러나 말만 무성할 뿐, 누구 한 사람 자리를 양보하는 이가 없었습니다.

노인은 천천히 외국인석으로 다가갔습니다. 그러자 스파르타인들이 벌떡 일어나 서로 자리를 내주었습니다. 이 광경을 본 모든 사람들이 박수를 쳤습니다. 이 때 노인이 말했습니다. "아테네인도 선善이 무엇인지는 알고 있습니다. 그러나 스파르타인은 알 뿐 아니라 그것을 즉시 행동으로 옮기는 사람입니다."

아는 것과 행하는 것은 다릅니다. 알아도 실천하지 않을 수 있기 때문입니다. 이것이 앎의 한계입니다.

그러나 앎과 달리 사랑은 언제나 삶 속에 반영됩니다. 사랑에는 모든 것을 걸게 하는 놀라운 힘이 있기 때문입니다. 따라서 진리를 알지만 진리 안에서 행하지 않는 사람은 있어도, 진리를 사랑하지만 진리 안에서 행하지 않는 사람은 없습니다.

가이오가 진리 가운데서 지속적인 순종의 삶을 살 수 있었던 것은, 그가 진리를 사랑하는 사람이었기 때문입니다. 진리를 사랑하는 사람이 아니면 삶으로 진리에 자신을 합치시킬 수 없습니다.

마음 깊이 진리를 기뻐하십니까? 깨달은 것에 만족하지 않고, 삶을 다 바쳐 그 진리에 부합하고자 하는 태도는 진리를 향한 사랑을 가진 사람에게서만 발견됩니다. 진리를 기뻐하고 진리 안에서 행복해 하는 사람만이, 진리에 순종하는 덕스러운 삶을 살 수 있는 것입니다.

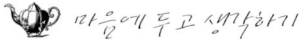
마음에 두고 생각하기

진리를 사랑한다는 것은 진리를 기뻐한다는 것이요, 진리를 기뻐한다는 것은 인생의 참된 행복을 변천하는 이 세상의 사물에서 찾지 않고, 날마다 진리에 자신을 부합시키는 순종의 삶에서 찾는다는 것입니다. 오직 진리를 사랑하는 사람만이 진리 안에서 행할 수 있습니다.

진리를 추구하지 않은 채 삶의 기쁨을 찾는 것은 연료 없이 불을 피우려 애쓰는 것과 같습니다

"우리는 진리를 거스려 아무 것도 할 수 없고 오직 진리를 위할 뿐이니"(고후 13:8).

불을 피워 본 적이 있습니까? 가장 먼저 해야 하는 일이 무엇입니까? 땔감을 모으는 것입니다. 애써 불을 지펴도 땔감이 없으면, 이내 불씨는 사그라지고 말 것이기 때문입니다.

기쁨의 삶도 마찬가지입니다. 기뻐할 수 있는 무엇인가가 끊임없이 공급되어야 지속적으로 기쁨의 삶을 살아갈 수 있습니다. 즉 진리를 추구하지 않은 채 삶의 기쁨을 찾는 것은 연료 없이 불을 피우려 애쓰는 것과 같습니다.

너무나 많은 사람들이, 심지어 하나님을 믿는 자녀들조차 영혼이 괴롭고 곤고할 때만 진리를 찾습니다. 삶의 총체적인 길잡이로서가 아니라, 당장의 곤고함을 이겨낼 약을 찾듯 진리를 찾고 있는 것입니다.

그러나 진리의 목적은 우리의 고통을 덜어 내는 데 있지 않습니다. 진리의 참된 가치는 우리의 영혼을 죄악 된 세상에서 해방시켜 살아계신 하나님께로 향하도록 하는 데 있습니다. 하나님은 바로 그 일을 위해 우리에게 진리의 빛을 허락하신 것입니다.

한번 생각해 보십시오. 이 세상의 자원을 풍족하게 가지고 있습니다. 젊음도 있고, 지혜도 있고, 용기도 있습니다. 그러나 진리가 그에게 없습니다. 그러면 지혜도 세속의 지혜가 되어 버리고, 용기도 무모한 치기에 불과합니다. 풍족한 자원은 더욱 빨리 파멸로 달려갈 수 있는 동력이 될 뿐입니다.

하나님을 향해 눈멀고, 진리를 향해 어두운 자가 아무리 많은 것을 소유한다 해도 행복해질 수 있겠습니까? 그 어떤 좋은 소식이 들려와도 영혼의 참된 기쁨을 누릴 수 없습니다. 이것이 바로 진리를 외면한 채, 헛된 것을 추구하며 사는 이 세상 사람들의 비극입니다.

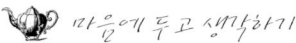
마음에 두고 생각하기

기쁨의 삶을 살고 싶으면 진리를 추구해야 합니다. 진리를 추구하지 않은 채 삶의 기쁨을 찾는 것은 연료가 없는데 끊임없이 불을 붙이고자 시도하는 것과 다르지 않습니다. 하나님의 기쁨은 진리를 추구하는 사람들 속에 있습니다.

세상에 있는 것들이 주는 행복은 금방 사라지지만 하나님의 진리가 주는 행복은 영원합니다

"예수 그리스도는 어제나 오늘이나 영원토록 동일하시니라"(히 13:8).

몇 해 전 터키를 방문한 적이 있습니다. 이슬람 제국 시절 황제가 살던 궁을 보았는데, 커다란 보석과 화려한 장식품들로 가득했습니다. 그 중 눈길을 끌었던 것이 왕의 의자로, 60kg 정도 되는 금으로 만든 어마어마하게 호화스러운 의자였습니다. 그 의자 옆에는 실제로 왕이 거기에 앉았던 모습을 묘사한 그림이 걸려 있었는데, 신하들에게 둘러싸인 무표정한 왕의 모습이었습니다.

번쩍거리는 금 의자에 앉은 왕을 보고 있노라니, "아, 허무하다!" 하는 탄식이 절로 나왔습니다. 금 의자에 앉아 한 시대를 호령했으면 뭐합니까? 이제 어디에서도 그의 존재를 찾을 수 없습니다. 한때는 기쁨을 주었을 찬란한 보물들도, 시간이 지나니 먼지를 뒤집어 쓴 유물일 뿐이었습니다.

인생이란 원래 허무한 것입니다. 세상에 속한 것들은 모두가 유한하고 허탄합니다. 이 세상에서 허무하지 않은 것이 있다면 오직 하나, 진리뿐입니다. 따라서 세상에 있는 것들로 인해 누리는 행복은 금방 사라지는 행복입니다. 지금은 돈이 전부인 것 같고, 명예가 생명보다 소중한 것 같고, 권력이 영원한 것 같아도 그것들은 모두 시간과 함께 사라집니다. 그러나 하나님의 진리가 주는 행복은 사라지지도 변하지도 않습니다. 이 세상을 떠나는 순간이 와도, 그 기쁨은 우리와 함께 합니다.

그러므로 하나님의 진리를 깊이 사랑하십시오. 진리에 목마른 사람들이 되십시오. 진리를 깨닫는 것을 기뻐하며, 그 안에서 살아가는 것을 좋아하십시오.

신자의 참다운 행복은 말씀의 미각을 잃어버리지 않는 데 있습니다. 진리인 하나님의 말씀을 깊이 사랑하십시오. 그 이외의 다른 것에서 기쁨을 기대하지 말고, 참된 기쁨이 하나님의 말씀 안에 있다고 스스로에게 타이르십시오. 그렇게 영혼이 진리의 말씀을 사모하고 진리가 그 존재를 채우는 것, 그것이 참으로 복된 삶입니다.

마음에 두고 생각하기

금과 은을 얻었을 때보다, 진리의 말씀 하나를 깨달았을 때 더 기쁘지 않습니까? 부귀영화를 얻을 때보다 하나님께서 진리의 말씀을 통해서 나의 영혼을 밝혀 주셨을 때에 더 행복하지 않습니까? 세상에 있는 것들이 주는 행복은 금방 사라지지만 하나님의 진리가 주는 자유와 행복은 영원합니다.

충만한 기쁨의 또 하나의 비결은
나 자신과 이웃을 돌아보는 것입니다

"각각 자기 일을 돌아볼 뿐더러 또한 각각 다른 사람들의 일을 돌아보아
나의 기쁨을 충만케 하라"(빌 2:4).

감옥 속에 갇혀 언제 죽을지 모르는 처지가 된 사도 바울, 그러나 그는 감옥 밖에서 자유로운 생활을 이어 가고 있는 사람들을 오히려 위로합니다. 그리고 진정한 삶의 기쁨이 무엇인지 찬찬히 가르칩니다. 이것이 바로 빌립보서입니다.

그런데 바울은 빌립보서 2장에서 기쁨으로 충만해질 수 있는 중요한 비결을 하나 언급합니다. 감옥에 갇힌 자신을 위해 빌립보 교인들이 해주었으면 하고 바랐던 일은 각각 자기 일을 돌아보고 또한 다른 사람들의 일을 돌아보는 것이었습니다. 바울은 빌립보 교인들이 그렇게 해주는 것이 자신의 기쁨을 충만케 하는 일이라고 간곡히 당부합니다.

그러면 여기에서 말하는 '돌아본다' 라는 것이 과연 무엇일까요? '돌아본다' 의 희랍어 '스코페오' σκοπέω는, '주의 깊은 생각으로 무엇인가를 잘 주시하거나 애정 어린 마음으로 어떤 것들을 보살핀다.' 는 의미를 담고 있습니다.

즉 바울이 빌립보 교인들에게 기대한 삶은 '나 자신과 이웃을 주의 깊게 주시하며, 애정 어린 마음으로 보살피는 봉사의 삶' 이었습

니다.

그런데 생각해 보십시오. 다른 사람의 일을 돌아보는 것은 특별한 헌신이 필요하지만, 각각 자기 일을 돌아보는 것은 거의 본능적인 일이 아닙니까?

우리가 자신을 돌아보는 것은 특별한 노력이 필요한 일이 아니라 지극히 자연스러운 일입니다. 예를 들어 충돌 사고가 일어났을 때 운전석과 조수석에 앉은 사람 중, 조수석에 앉은 사람이 사망할 확률이 높다고 합니다. 일반적으로 충돌할 때 운전자는 반사적으로 자기가 안전한 쪽으로 핸들을 돌려 피하기 때문입니다. 이처럼 인간이 자기 자신을 돌아보는 것은 거의 본능적입니다. 애정을 가지고 자기를 돌아보고, 사랑을 가지고 자기를 아끼는 것은 훈련시킬 필요가 없는 일인 것입니다.

그런데 바울은 "너희가 너희의 일을 돌아보는 것처럼 다른 사람의 일을 돌아보라."라고 하지 않고, "각각 자기 일을 돌아볼 뿐더러 또한 각각 다른 사람의 일을 돌아보라."고 말합니다. 이것은 바울이 원하는 자기 돌아봄이 본능적인 자기 사랑에 기인한 돌아봄이 아니기 때문입니다.

그리고 우리는 그런 토대 위에서 다른 사람도 그와 같이 주의 깊게 돌아보아야 합니다. 물론 이 주의 깊음은 다른 사람을 감시하고 감독하기 위한 살핌이 아닙니다. 신자의 마음 안에 있는 다른 사람을 돌보는 마음은 그들의 필요를 먼저 발견하여 채우려는 마음, 사랑을 가지고 섬기려는 마음입니다. 이것들이 실제로 행동으로 나타날 때 신자의 삶은 메마른 땅에 흐르며 싹을 틔우고, 나무를 자라게 하여 숲을 만드는 강과 같은 삶이 됩니다. 이렇게 다른 사람을 돌아보는 것이 주님의 마음을 기쁘게 하는 것이고 우리 자신이 기쁨을 누리면서 살아가는 비결임을 항상 잊지 마십시오.

바울이 충만한 기쁨의 비결로 언급한 자기 돌아봄은 예수 그리스도를 통해 우리에게 알려진 삼위 하나님을 향하여 사는 삶, 또한 그 삶을 살아가기에 적합하도록 자기 자신을 공정하게 돌아보는 것입니다.

마음에 두고 생각하기

공정하고 애정 어린 태도로 나와 이웃의 일을 돌아보는 것, 이것이 바로 하나님을 기쁘시게 하고 나 자신의 기쁨도 충만케 하는 비결입니다.

자기를 돌아봄에 있어서 꼭 필요한 것은 자기를 향한 사랑이 아니라 하나님을 향한 사랑입니다

"너희는 이 세대를 본받지 말고 오직 마음을 새롭게 함으로 변화를 받아
하나님의 선하시고 기뻐하시고 온전하신 뜻이 무엇인지 분별하도록 하라"(롬 12:2).

아이를 양육하다 보면, 아이의 뜻을 무턱대고 따라 줄 수 없는 상황이 생깁니다. 아이는 먹어서는 안 될 것을 먹겠다고 하고, 가지고 놀면 위험한 것을 가지고 놀려고 하기도 합니다. 그러나 지각이 있는 부모는 그럴 때마다 아이의 요구를 거절합니다. 그 때 아이는 자신의 욕망이 좌절된 것에 분노하며 슬퍼하지만, 그렇게 아이에게 고통을 주게 되더라도 아이를 안전하고 올바르게 인도하는 것이 부모의 역할입니다. 즉 당장은 아이를 울리게 되더라도, 아이에게 진정으로 이로운 것을 행하는 것이 진정 아이를 돌보는 일인 것입니다.

우리 자신을 돌아보는 일도 이와 같습니다. 자신이 원하는 대로 자신을 방임하고 만족시키는 것이 자기 돌아봄이 아니라, 우리 자신에게 필요한 것을 나의 생각대신 하나님의 시각으로 판단하며 선택하는 것이 진정한 자기 돌아봄입니다.

인간은 모두 자기 중심적인 생각을 가지고 자기 자신의 일에 몰두하는 경향성을 가집니다. 그러나 자신에게 몰두하기는 쉬워도, 자신을 공정하게 돌아보는 것은 쉽지 않습니다. 그래서 자기를 돌

아봄에 있어서 꼭 필요한 것이 하나님을 향한 사랑입니다.

자기 사랑의 시선으로 자기를 살피면 자기 자신이 진정으로 필요로 하는 것이 무엇인지 발견할 수 없습니다. 그러나 하나님을 향한 사랑의 마음을 가지고 자기를 돌아보면, 자신을 가장 있는 그대로 공정하게 바라볼 수 있습니다. 지금은 덜 행복하더라도 나중에는 정말로 행복할 수 있는 방식으로 자신을 돌아볼 수 있게 되는 것입니다.

기쁨 안에서 살아가기를 원합니까? 곤궁한 영혼을 곤궁하게 버려두고 있는 동안에는 하나님의 기쁨 안에서 살아갈 수 없습니다. 각각 자기를 돌아보아 자기의 영혼이 은혜를 누리는 데 적합하도록 고치는 것, 이것이 충만한 기쁨의 우선적인 비결입니다.

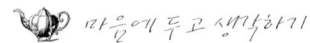 마음에 두고 생각하기

우리가 하고 있는 일과 우리의 사람 됨은 나눠지지 않습니다. 자기를 향한 사랑이 아니라 하나님을 향한 사랑으로 각각 자기의 일을 돌아볼 때, 고쳐져야 할 부분이 발견될 것입니다.

자신의 영혼과 영적 삶과 관계되어 있는 모든 태도를 성찰하고 돌아보게 될 때 우리는 점점 더 온전해져 갑니다

"우리의 돌아보는 것은 보이는 것이 아니요 보이지 않는 것이니
보이는 것은 잠간이요 보이지 않는 것은 영원함이니라"(고후 4:18).

늘 양복 깃에 신선한 장미꽃을 꽂고 다니는 신사가 있었습니다. 언제 보아도 금방 꺾은 듯한 싱싱한 꽃이었기에 사람들이 물었습니다. "선생님의 꽃이 도무지 시들지 않는 비결은 무엇입니까?" "허허, 별것 아닐세." 그는 웃으며 살며시 양복 깃의 뒷면을 보여 주었습니다. 그곳에는 작은 주머니가 달려 있었고 그 안에는 조그마한 물병이 있었습니다. 늘 청청했던 꽃의 비결은 바로 끊임없이 공급되는 물이었던 것입니다.

꽃의 싱싱함의 비결이 끊임없이 공급되는 맑은 물이듯, 신선한 향기를 발하는 건강한 신자의 비결은 끊임없이 공급되는 하나님의 사랑입니다.

자기를 돌아보는 일이 중요한 것은, 하나님과의 사랑의 관계를 유지하기 위해서는 끊임없이 자신을 정결하게 해야 하기 때문입니다.

사랑하는 여러분! 매순간 자신의 일을 돌아보고, 일과 관련을 맺고 있는 여러분 자신의 영혼을 돌아보십시오. 그렇게 여러분들의 영혼과 관계되어 있는 모든 삶을 성찰하고 돌아보게 될 때 여러분

은 점점 더 온전해져 갈 것입니다. 그리고 그 온전해짐을 통해 하나님은 더욱 기쁨을 누리시게 될 것이요, 여러분의 마음에도 하나님의 기쁨이 충만하게 될 것입니다. 충만한 기쁨은 하나님을 향하여 사는 사람, 하나님께 순종하는 사람, 하나님을 좋아하고 하나님의 계명을 기뻐하는 사람들의 마음속에 있습니다.

그러므로 하나님의 뜻대로 살 생각이 없는 사람들은 영원하고도 불변하는 놀라운 기쁨을 누릴 수 있을 것이라고 꿈도 꾸지 마십시오. 이 세상에는 두 종류의 기쁨이 있는데, 누릴수록 영혼을 파괴하는 기쁨과 누릴수록 영혼을 온전하게 하는 기쁨입니다. 후자의 기쁨은 하나님의 면전에서 끊임없이 자기를 성찰하며 살려고 하는 사람들만이 누릴 수 있는 기쁨입니다.

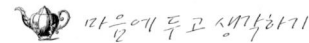
마음에 두고 생각하기

우리의 영혼을 행복하게 하고 온전하게 하는 기쁨은 하나님 앞에서 사는 기쁨입니다. 자신의 영혼과 그 영혼과 관련된 모든 영적 태도를 끊임없이 성찰하며 나날이 온전해져 가는 사람이 하나님 앞에서 사는 사람입니다.

다른 사람들의 필요를 채우며 돕고자 하는 마음이 하나님을 기쁘시게 하는 신자의 돌아봄입니다

"범사에 너희에게 모본을 보였노니 곧 이같이 수고하여 약한 사람들을 돕고 또 주 예수의 친히 말씀하신 바 주는 것이 받는 것보다 복이 있다 하심을 기억하여야 할지니라"(행 20:35).

한 아버지가 양 17마리를 남기고 임종하였다는 잘 알려진 이야기가 있습니다. 아버지는 그 양을 자신의 세 아들에게 주겠다는 유언을 남겼는데, 큰 아들에게는 2분의 1, 작은 아들에게는 3분의 1, 그리고 막내아들에게는 9분의 1을 준다는 것이었습니다. 그런데 17마리를 유언대로 나누기란 쉽지 않았습니다. 그 문제를 놓고 난감해 하고 있는데 옆집에 사는 사람이 양 한 마리를 끌고 왔습니다. 그가 선뜻 내 놓은 양 한 마리를 더하자 유산은 쉽게 나누어졌습니다. 큰 아들은 2분의 1이니 9마리, 작은 아들은 3분의 1이니 6마리, 그리고 막내아들은 9분의 1이니 2마리. 신기하게도 유언대로 나누고 나자 한 마리가 남았고, 세 형제는 그 남은 한 마리를 다시 옆집 사람에게 돌려 주었다는 이야기입니다.

세상을 살아가다 보면, 자신이 소유한 자원만으로는 도무지 문제를 해결할 수 없는 때가 있습니다. 혼자서는 아무리 끙끙대도 풀리지 않는 문제였는데, 다른 사람의 도움을 받으니 쉽게 해결되었던 경험이 있지 않습니까? 우리가 이웃의 문제까지 민감하게 돌아보아야 하는 것은 이 때문입니다. 처음부터 끝까지 홀로 감당해야 하는 문제가 없는 것은 아니지만, 이웃과 함께 나누어짐으로써 해결해야 하는 문제도 분명 있습니다.

하나님이 신자에게 기대하시는 바는 자신의 유익뿐 아니라 다른 사람의 유익까지 도모하는 존재가 되는 것입니다. 흔히 다른 사람의 일을 돌아보는 주의 깊음을 감시하고 감독하기 위한 살핌으로 오해하는 사람이 있는데, 이것은 잘못된 태도입니다. 다른 사람의 일을 돌아본다는 것은 그들의 필요를 발견하고 채우기 위한 것이지, 그들의 잘잘못을 살펴 정죄하라는 것이 아닙니다.

성경이 말하는 돌아봄은 사랑을 가지고 섬기려고 하는 마음 그것이며, 그 마음을 실제 행동으로 나타내 보이는 것입니다.

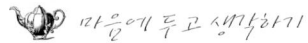 마음에 두고 생각하기

사도 바울이 "각각 다른 사람의 일을 돌아보라."라고 한 것은, 마치 자기의 일인 양 사랑과 애정을 가지고 용서하고 돕고 후원하라는 것입니다. 이렇게 다른 사람의 유익을 도모하며 살아가는 것이 하나님의 마음을 기쁘게 하는 것이요, 우리 자신이 기쁨을 누리면서 살아가는 비결입니다.

그리스도인의 삶은 움켜쥐는 삶이 아니라 강물처럼 흐르면서 다른 사람들에게 나눠 주는 삶입니다

"또 마음을 다하고 지혜를 다하고 힘을 다하여 하나님을 사랑하는 것과 또 이웃을 제 몸과 같이 사랑하는 것이 전체로 드리는 모든 번제물과 기타 제물보다 나으니이다"(막 12:33).

원숭이 사냥에 사용되는 특별한 상자가 있습니다. 팔 하나가 겨우 들어갈 만한 작은 구멍이 뚫린 통인데, 꽤 오래전부터 사용되어 온 사냥 도구라고 합니다. 그 통 안에 바나나 등 원숭이가 좋아하는 먹이를 넣어 두면, 원숭이는 조심스럽게 다가가 팔을 넣습니다. 그리고 먹이를 잡는데, 구멍이 작아서 먹이를 손에 쥐고서는 도저히 팔을 뺄 수 없습니다.

먹이에 욕심이 생긴 원숭이는 먹이를 놓지 않고 통과 씨름하다 사냥꾼이 다가오는 것도 모릅니다. 움켜쥔 손을 풀지 않으려다가 사냥꾼에게 잡히고 마는 것입니다.

우리의 삶도 욕심과 고집으로 똘똘 뭉친 원숭이 같을 때가 많습니다. 가진 것을 움켜쥐는 데에 급급한 나머지, 베푸는 기쁨을 잃어버리고 자기 욕심의 굴레 안에 갇히고 마는 것입니다.

신자의 삶은 움켜쥐는 삶이 아니라 강물처럼 흐르면서 다른 사람들에게 나눠 주는 삶입니다. 물질적인 여유뿐만 아니라 정신적인 여유, 우리에게 있는 지식까지 다른 사람들과 나눌 때 더욱 풍성해집니다. 그리고 그렇게 베푸는 삶을 살 때 우리의 영혼도 건강함을 유지할 수 있습니다.

흐르는 강물을 본 적이 있습니까? 고여 있는 물은 썩을 뿐이지만, 흐르는 물은 땅을 비옥하게 하고 생태계를 풍성하게 합니다.

우리는 사막과 같이 황량한 이 세상을 적시는 하나님의 강물입니다. 풀 한 포기 없는 메마른 땅에 물을 흘려보내면, 처음에는 아래로 흘러갈 것도 없이 땅에 다 흡수되고 말 것입니다. 제법 많은 양의 물을 흘려보내도, 강 옆의 흙들이 순식간에 다 빨아들일 것입니다. 그러나 그렇게 자기를 일방적으로 빼앗기는 것 같아도, 포기하지 않고 계속 흘려보내면 조금씩 흐름이 생기기 시작하고 물이 지나는 언저리에 풀이 돋아나기 시작할 것입니다.

한 번뿐인 우리의 인생을 어떻게 살고 싶습니까? 강물처럼 흘러나 자신뿐 아니라 나와 만나는 다른 사람들의 삶까지 비옥하게 만들고 떠나야 하지 않겠습니까?

움켜 쥐고 안달복달하는 대신, 흐르는 강물처럼 자기 자신을 넉넉하게 베푸는 삶, 그것이 바로 신자의 삶입니다. 흘려보내는 삶을 살고 있습니까? 당신이 지나 온 자리에 작은 실개천이라도 흐르고 있습니까?

돌아봄은 온전케 하는 교통의 비결입니다

"교회는 그의 몸이니 만물 안에서 만물을 충만케 하시는 자의 충만이니라"(엡 1:23).

빌립보서 2장 4절에서 바울은 빌립보 교인들이 서로 돌아보면 자신에게 신령한 기쁨이 넘칠 것이라고 말합니다. "각각 자기 일을 돌아볼뿐더러 또한 각각 다른 사람들의 일을 돌아보아 나의 기쁨을 충만케 하라"빌 2:4.

빌립보 교회가 서로를 돌아보는데, 그 돌아봄의 기쁨이 어떻게 멀리 떨어져 감옥에 갇혀 있는 바울에게까지 미칩니까? 이것은 성도의 교통에는 온전하게 하는 효과가 있기 때문입니다. 빌립보 교인들이 서로 돌아보고 교통하면, 이를 통해 성도 개개인은 물론 교회가 더욱 온전하게 세워져 갈 것임을 바울은 알았습니다.

예수 그리스도의 피로 구속함을 받았지만 여전히 우리는 죄의 영향력 아래 살고 있습니다. 그래서 지상의 교회는 완벽하지 못합니다. 그러나 '지상 교회는 원래 완벽할 수 없어. 어쩔 수 없는 한계가 있기 때문에 완전한 거룩함을 기대해서는 안 돼.' 하고 교회의 온전해짐을 지레 포기하는 것은 옳지 못합니다. 완벽하지 않은 부분이 끊임없이 온전해지도록 애쓰는 것이 지상 교회를 향한 하나님의 기대이기 때문입니다. 따라서 교회의 불완전함이 발견되면 그것을 자기의 결함처럼 애통해 하며, 교회가 더 온전하게 세워지도록 섬겨 나가야 합니다.

그러면 어떻게 하는 것이 교회를 온전하게 세워 가는 일일까요? 앞서 언급하였듯이 공동체의 온전함은 성도의 아름다운 교통에서 시작됩니다. 서로 돌아보며 돕는 것이 그 공동체를 온전하게 하는 비결인 것입니다.

우리가 소유한 자원은 우리만을 위한 것이 아닙니다. 우리의 필요를 채우기 위해 주신 것도 있지만, 우리를 통해 다른 사람에게 흘러가게 하기 위해 주신 것도 분명 있습니다.

무조건 움켜 쥐고 있으려는 태도는 자신의 영혼은 물론 공동체의 영성에도 도움이 되지 않습니다. 곤궁하고 피폐한 영혼이 있습니까? 낙심한 채 신음하고 있는 영혼이 있습니까? 그에게 찾아가 위로하고, 그의 필요를 채우십시오. 진리의 말씀을 들려 주며 그의 마음을 다독여 주십시오. 그 한 사람이 살아나고 변화될 때 교회는 점점 더 온전해져 갈 것입니다. 그리고 교회의 머리 되신 예수 그리스도의 기쁨이 충만해질 것입니다.

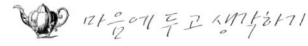 마음에 두고 생각하기

궁핍하던 사람들이 도움을 받아 안정되고, 고통받던 사람들이 위로를 받아 평화를 되찾으면, 그 한 사람의 회복을 통해 교회가 온전해집니다. 다른 사람들의 일을 돌아보며, 하나님의 교회의 온전해짐에 기여하는 삶을 살아가고 있습니까?

하나님을 기뻐함의 정체는
하나님을 아는 지식입니다

"또한 모든 것을 해로 여김은
내 주 그리스도 예수를 아는 지식이 가장 고상함을 인함이라"(빌 3:8上).

신학대학원 시절에 만났던 교수님 한 분이 계십니다. 연세가 많은 분이셨는데, 세월이 지나 그 분의 수업 내용은 거의 잊었지만, 그 분으로부터 받은 사랑은 잊을 수가 없었습니다. 당시 아이 우유 값조차 부담스럽던 제 형편을 어떻게 아셨는지, 종강을 앞둔 어느 날 교수실로 부르시더니 봉투 하나를 주셨습니다. 다른 말씀 없이 "써라." 하고 주셨는데 집에 와서 봉투를 열어 보니 25만원이 들어 있었습니다. 그 당시 신학교 등록금이 50만원 정도였으니, 결코 작은 돈이 아니었습니다.

그러나 눈물이 핑 돌았던 이유는 그 돈 때문도, 교수님에 대한 고마운 마음 때문도 아니었습니다. 절실하게 돈이 필요했고, 교수님의 마음도 말할 수 없이 감사했으나, 정말 마음에 기쁨이 되었던 것은 '하나님께서 나를 돌보시는구나.' 하는 깨달음이었습니다. '아! 하나님이 나의 필요를 아시는구나. 나를 살피시는구나. 하나님의 자녀인 내가 곤궁에 처할 때 돌아보시는 하나님이시구나.'

하나님을 기뻐한다고 할 때, 그 기쁨의 정체는 하나님을 아는 지식입니다. 하나님을 아는 지식은 필연적으로 신령한 기쁨을 가져옵니다.

그런데 하나님에 대한 지식은 성경을 연구할 때만 획득되는 것이 아닙니다. 인생에서 만나는 크고 작은 문제들과 그 문제를 해결해 나가는 과정 가운데서 경험하는 하나님의 도우심 속에서도 하나님을 아는 지식을 발견할 수 있습니다.

그러므로 여러분의 돌아봄이 누군가에게는 하나님을 알아가는 기회가 될 수도 있습니다. 여러분이 하나님을 알아가는 지식의 통로가 될 수도 있습니다.

하나님이 어떤 분인지 알게 될 때 우리의 마음속에는 기쁨이 생겨납니다. 위대한 신앙의 선배들이 애타게 하나님의 나라를 사모했던 것은 그 곳에서는 원 없이 하나님을 알아갈 수 있기 때문입니다.

완전하고 아름다운 하나님의 성품을 깨닫고 그분의 무한한 지혜와 사랑을 누리는 것, 그것이 바로 신자가 누려야 하는 신령한 기쁨의 정체입니다.

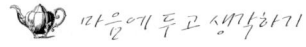
마음에 두고 생각하기

신자에게 있어 하나님이 어떤 분인지를 깨닫는 것만큼 큰 기쁨은 없습니다. 이 세상 무엇과도 비교할 수 없는 온전함과 아름다움이 하나님 안에 있기 때문입니다. 하나님을 기뻐한다는 것은 우리의 영혼이 하나님이 어떤 분인지를 알아가는 지식의 희열을 누리는 것입니다.

하나님이 어떤 분인지 알아갈 때
충만한 기쁨이 생겨 나고
그 기쁨을 통해서 우리는 온전해져 갑니다

"오직 우리 주 곧 구주 예수 그리스도의 은혜와 저를 아는 지식에서 자라 가라
영광이 이제와 영원한 날까지 저에게 있을지어다"(벧후 3:18).

하나님은 사건을 통해 당신이 어떤 분인지 나타내 보여 주기도 하시지만, 이렇게 얻는 깨달음은 부분적인 것일 뿐입니다. 우리에게는 하나님이 누구신지를 보다 체계적으로 알려 주는 것이 있으니, 바로 성경입니다.

하나님 자신에 대한 계시이기에, 성경만큼 놀라운 기쁨을 선사하는 책도 없습니다. 여호와의 율법을 즐거워하여 그 율법을 주야로 묵상하는 자가 복이 있다시 1:1-2는 것도 이 때문일 것입니다.

하나님이 어떤 분인지에 때한 깨달음은 충만한 기쁨을 몰고 오고, 하나님으로 인한 그 신령한 기쁨은 신자의 거룩한 삶에 기여합니다. 신령한 기쁨은 잠시 웃음만 남기고 사라지는 것이 아니라, 한 사람을 온전하게 하는 데 기여하는 것입니다. 그러므로 삶의 현장 어디에서나 하나님을 추구하며, 하나님의 말씀인 성경을 가까이하는 것은 신자의 마땅한 본분입니다.

그런데 대부분의 신자들이 인생의 큰 환란을 만났을 때에만 하나님을 찾습니다. 무슨 문제가 생기고, 답답한 게 있어야 '하나님을 만나야겠다.' 고 결심합니다.

신자의 영적 삶이 늘 넘어졌다 일어났다만을 반복할 뿐, 성장 없이 제자리걸음만 계속하는 것은 이러한 태도 때문입니다.

일상의 삶 갈피갈피에서 하나님을 알아가고 있습니까? 날마다 하나님을 새롭게 만나고 있습니까? 하나님 자신을 열망하며 하나님을 추구하면 하나님을 아는 지식의 점증 가운데 살 수 있습니다. 그리고 그 지식의 점증은 충만한 기쁨의 점증을 가져옵니다. 그리고 그 기쁨의 점증 속에서 우리는 날마다 온전해져 갑니다.

마음에 두고 생각하기

하나님이 어떤 분인지 매일 새롭게 알아가고 있습니까? 매일 간절히 하나님을 추구하고 있습니까? 위기가 닥쳐야만 하나님을 찾는 태도로는 온전해질 수 없습니다. 하나님이 어떤 분인지 알아갈 때 충만한 기쁨이 생겨 나고, 그 기쁨을 통해 우리가 온전해져 가기 때문입니다.

하나님을 기뻐하는 사람이라야 관용의 삶을 살 수 있습니다

관용이란 나에게 고통을 준 사람까지 온화함과 너그러움으로 품을 수 있는 마음의 여유입니다

관용의 삶을 살아야 하는 이유는 주께서 가까우시기 때문입니다

관용은 우리의 영혼이 미움의 문으로 들어가지 않게 막아 주는 수문장입니다

관용에 필요한 희생과 인내를 감수할 수 있게 해주는 힘의 원천이 신령한 기쁨입니다

기쁨은 우리 영혼을 보호하는 일인 동시에 다른 사람을 품는 큰 사랑의 기초입니다

생명적 연합의 비밀은 순종입니다

기쁨의 삶의 정체는 생명적 연합을 이루는 사랑 안에 거하는 것입니다

예수님의 생애는 전체가 계명에 순종하는 순명의 생애였습니다

온전히 기쁨으로 그 계명을 따르는 것이 순종이기에, 순종의 동기는 반드시 하나님을 향한 사랑이어야 합니다

하나님의 탁월한 지혜와 완전한 사랑을 믿는 것이 순종의 비결입니다

우리가 살아야 할 인생은 순종이 기쁨을, 기쁨이 다시 순종을 낳는 아름다운 순환의 삶입니다

Rejoicing in the Lord

기쁨의 열매,
관용과 순종

하나님을 기뻐하는 사람이라야
관용의 삶을 살 수 있습니다

"모든 겸손과 온유로 하고 오래 참음으로 사랑 가운데서 서로 용납하고"(엡 4:2).

1차 세계대전 당시, 전시내각을 이끌며 연합군의 승리에 크게 기여한 프랑스 전 총리 클레망소 George Clemenceau의 일화입니다. 어느 날 정치적 이념을 달리하는 한 청년으로부터 저격을 당했는데, 불행 중 다행으로 청년이 쏜 총 7발 중 1발만이 클레망소 전 총리를 맞혔습니다. 청년은 현장에서 즉시 체포되었고, 사형을 언도받았습니다. 그런데 겨우 목숨을 건진 클레망소는 사형을 반대하며 새로운 제안을 했습니다. 사형 대신 8년간 감옥에 가두고 사격 훈련을 시키자는 것이었습니다.

"아니 왜 하필이면 총리님을 저격한 암살범에게 사격 훈련을 시키려고 하십니까?" 클레망소를 아끼는 사람들은 모두 반대를 했습니다. 그러나 클레망소는 "1차 대전을 승리로 이끈 프랑스에 총알 7발 중 1발만 맞힐 수 있는 청년이 있다는 사실이 부끄럽소. 그 1발도 부상만 입히는 정도였으니 프랑스의 명예가 이만저만 실추된 게 아니오. 그에게는 보다 전문적인 사격 훈련이 필요하오."

이 일화는 관용에 대해 설명할 때 자주 거론되는 유명한 이야기입니다. 그런데 가만히 생각해 보면, 이 일화가 정말로 보여 주는 것은 클레망소의 관대함이 아니라 클레망소의 깊은 조국 사랑임을 알 수 있습니다. 클레망소가 청년을 용서할 수 있었던 것은 그가 사랑하는 조국 프랑스의 국민이었기 때문이었습니다. 자기의 안위를 위협했음에 대한 분노보다 그 청년을 통해 드러날 프랑스의 위상에 대한 근심이 더 컸기에 그는 관대해질 수 있었습니다.

사실 관용은 타고난 성품이나 훈련의 결과라기보다는, '나' 중심의 가치관을 벗어나 보다 넓게 상황을 바라볼 때 가질 수 있는 미덕입니다.

그러면 어떻게 '나' 중심의 가치관을 벗어날 수 있는 것일까요? 바로 사랑입니다. 하나님을 사랑하면, 하나님의 형상을 따라 창조된 사람을 미워할 수 없습니다. 하나님의 사랑을 받은, 혹은 앞으로 하나님의 사랑을 받게 될지도 모르는 존재이기에 함부로 대할 수 없습니다. 하나님을 기뻐하기에, 다른 사람들을 인내와 온유로 대할 수 있게 되는 것입니다.

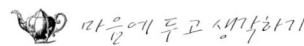
마음에 두고 생각하기

관용의 태도로 살고 있습니까? 너그러움과 관대함으로 사람을 대합니까? 참된 관용은 나에게 해를 끼친 사람을 이를 악물고 억지로 용서하는 것이 아니라, 저절로 우러나오는 인내와 온유로 품는 것입니다. 그리고 이 진심에서 우러나오는 인내와 온유는 하나님을 향한 기쁨에서 말미암습니다.

관용이란 나에게 고통을 준 사람까지 온화함과 너그러움으로 품을 수 있는 마음의 여유입니다

"오직 위로부터 난 지혜는 첫째 성결하고 다음에 화평하고 관용하고 양순하며 긍휼과 선한 열매가 가득하고 편벽과 거짓이 없나니"(약 3:17).

관용이란 사람들을 온화하고 너그럽게 대하는 마음의 여유입니다. 그런데 내가 좋아하고 나에게 호의적인 사람을 너그럽게 대하는 것은 관용이라 할 수 없습니다. 엄밀하게 말해서 관용은 나에게 악을 행하거나, 나를 부당하게 대우하며 고통을 준 사람을 온화함과 너그러움으로 품는 것입니다.

그러면 대체 우리가 왜 우리에게 해를 끼친 사람들을 관용으로 대해야 하는 것일까요?

이것은 관용을 베푸는 삶을 사는 것이 우리의 영적 생활에 유익하기 때문입니다. 관용은 악을 악으로 갚는 악순환의 고리를 끊어 줍니다. 미운 마음을 품고, 그 미움으로 원수를 맺고, 끊임없이 상처를 주고받는 일에 소진하기에는 우리의 인생이 너무나 소중합니다. 우리에게는 해야 할 가치 있는 일들이 너무나 많고, 무모한 다툼으로 상처 내기에는 우리 영혼이 너무나 귀합니다.

그러므로 우리에게는 관용이 필요합니다. 억지로 참아 가며 베푸는 거짓 친절이 아니라, 정말 마음에서 우러나와 용서하고 포용하는 관용이 요구되는 것입니다.

헛된 것들을 두고 경쟁하고 있습니까? 미워하고, 불평하고, 따지고 있습니까? 내가 받은 상처를 어떻게 갚아 줄까 고민하고 있습니까?

우리가 하나님을 기뻐하는가 그렇지 않은가는 우리가 관용을 나타내느냐 나타내지 못하느냐로 시험됩니다. 하나님을 깊이 사랑하고, 하나님의 존재 자체로 인해 기뻐하는 사람은 작은 일에 연연하지 않고, 보다 넓은 안목으로 상황을 바라보기 때문입니다.

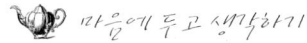
마음에 두고 생각하기

관용은 사랑에 기초하고 있지만, 사랑보다 넓은 삶의 태도입니다. 관용은 자신에게 손해를 입히거나 고통을 준 사람까지 온화함과 너그러움으로 품을 수 있는 마음의 여유입니다. 관용은 용서받아야 할 악인들을 위한 것이 아니라, 우리 자신을 위한 것입니다.

관용의 삶을 살아야 하는 이유는
주께서 가까우시기 때문입니다

"주 안에서 항상 기뻐하라 내가 다시 말하노니 기뻐하라
너희 관용을 모든 사람에게 알게 하라 주께서 가까우시니라"(빌 4:4-5).

사도 바울은 빌립보 교회를 향한 편지의 마지막 부분에서 다시 한번 기쁨의 삶을 살아야 함을 강조합니다. 그러면서 덧붙이는 것이 관용에 대한 권면입니다. "주 안에서 항상 기뻐하라 내가 다시 말하노니 기뻐하라 너희 관용을 모든 사람에게 알게 하라 주께서 가까우시니라"빌 4:4-5.

바울이 관용을 베푸는 삶을 요구한 대상은 기쁨을 누리며 살아가는 신자들이었습니다.

신자는 누구입니까? 아무 대가 없이 예수 그리스도의 피의 공로로 하나님의 용서를 얻은 사람입니다. 그러므로 관용이란 나 역시 하나님의 완전하고도 영원한 용서를 누리고 있음을 깨닫고, 도무지 용서할 수 없는 사람이라도 예수 그리스도의 사랑으로 품는 것입니다.

그런데 성경은 "너희 관용을 모든 사람에게 알게 하라"고 말하며, "주께서 가까우시다"라고 이야기합니다. 즉 관용하는 삶을 실천하며 모든 사람에게 관용을 보여야 하는데, 이는 주께서 곧 오실 것이기 때문이라는 것입니다.

온 마음으로 하나님을 기뻐하며, 그분의 나라와 그분의 영광을 바라보며 살아가는 사람들은 바다와 같은 넓은 마음으로 살아갑니다. 우주를 담을 수 있는 큰 마음을 품었기에 사사로운 것에 연연하는 대신 사심 없이 용서를 베풉니다.

사도행전 7장의 스데반을 보십시오. "저희가 돌로 스데반을 치니 스데반이 부르짖어 가로되 주 예수여 내 영혼을 받으시옵소서 하고 무릎을 꿇고 크게 불러 가로되 주여 이 죄를 저들에게 돌리지 마옵소서 이 말을 하고 자니라"행 7:59-60. 이 아름다운 관용은 그의 시선이 하나님을 향하고 있었기 때문에 가능한 것이었습니다. "스데반이 성령이 충만하여 하늘을 우러러 주목하여 하나님의 영광과 및 예수께서 하나님 우편에 서신 것을 보고"행 7:55.

관용을 나타내십시오. 곧 오실 우리 주님을 기대하며…….

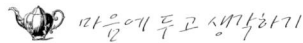

하나님의 영광을 바라보았기에, 하나님 앞에 설 것을 생각했기에 돌에 맞아 순교하는 순간에도 스데반의 마음속에서는 너그러움과 여유가 사라지지 않았습니다. 우리는 모두 이미 놀라운 용서를 받은 사람입니다. 그 사실을 생각할 때 어찌 관용의 삶을 살지 않을 수 있겠습니까?

관용은 우리의 영혼이 미움의 문으로 들어가지 않게 막아 주는 수문장입니다

"미움은 다툼을 일으켜도 사랑은 모든 허물을 가리우느니라"(잠 10:12).

러시아의 대문호 톨스토이Lev Nikolaevich Tolstoi의 단편 중 『불은 커지기 전에 꺼야 한다』라는 작품이 있습니다. 이반과 그의 이웃 가브릴로가 주인공인데, 이반의 닭이 가브릴로의 집에 가서 알을 낳은 것에서 문제가 시작됩니다. 이반이 알을 돌려 달라고 하자 가브릴로의 부인은 거절하고, 사소한 문제로 시작된 이 싸움은 두 집안을 원수 사이로 만듭니다. 그러던 어느 날 이반의 고소로 가브릴로가 태형을 선고받는 일이 생기고, 이에 화가 난 가브릴로는 복수의 기회를 노리게 됩니다. 이반의 아버지는 "불은 커지기 전에 꺼야 한다."며 가브릴로를 용서하고 소송을 취하할 것을 권하는데 이반은 듣지 않습니다.

결국 복수심에 사로잡힌 가브릴로가 이반의 집에 불을 놓는 일이 발생하고, 현장에서 이를 발견한 이반은 불을 끄는 대신 가브릴로를 잡으려고 쫓아갑니다. 그 사이 집과 모든 재산이 다 타 버리고, 늙은 아버지마저 화상으로 돌아가시게 됩니다. 이반의 아버지는 죽어 가면서 "누가 불을 질렀는지 말해서는 안 된다. 남의 죄를 하나 감싸 주면 하나님께서는 두 개의 죄를 용서해 주신다."라는 유언을 남기고, 이반은 아버지의 마지막 뜻을 따라 가브릴로의 죄를 덮어 줍니다.

미움이 무서운 것은 끊임없이 번져 가기 때문입니다. 작은 불씨라도 내버려 두면 순식간에 큰 불이 되듯, 작은 미움도 미연에 잘라 내지 않으면 우리의 영혼을 옭아매는 무거운 사슬이 됩니다. 그러므로 우리에게는 미움이 애초부터 우리 마음에 자리를 잡지 못하게 하는 관용의 태도가 필요합니다. 관용은 미움의 화살이 우리 마음에 와서 박히는 것을 막아 주는 방탄복과 같은 역할을 합니다.

세상을 살아가다 보면 부당한 대우를 받기도 하고, 잘못한 것이 없는데도 피해를 입을 수 있습니다. 이 때 관용이 없으면 그 억울함을 소화해 낼 수 없습니다. 가슴 속에서 원망과 분노가 시작되는 것입니다. 그러나 그 원망과 분노는 양쪽으로 날 선 칼과 같아서, 상대뿐 아니라 나의 영혼에도 해를 가합니다. 그러므로 우리는 관용을 가져야 합니다. 관용은 우리의 영혼을 미움의 문으로 들어가지 않게 막아 주는 수문장의 역할을 하기 때문입니다.

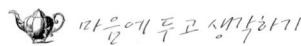
마음에 두고 생각하기

미움의 귀결은 파멸입니다. 그리고 일단 시작된 미움은 도려 내기가 매우 어렵습니다. 따라서 우리는 관용의 태도로, 우리 영혼이 미움이라는 덫에 걸리는 일을 미연에 방지해야 합니다.

관용에 필요한 희생과 인내를
감수할 수 있게 해주는 힘의 원천이
신령한 기쁨입니다

"서로 인자하게 하며 불쌍히 여기며 서로 용서하기를
하나님이 그리스도 안에서 너희를 용서하심과 같이 하라"(엡 4:32).

관용은 악을 선으로 갚아 우리의 영혼을 보호하는 동시에, 세상에 예수 그리스도의 도를 가르치는 역할을 합니다. 그러므로 신자는 반드시 관용의 태도를 가져야 합니다.

옛말에 "인심은 곳간에서 난다."라는 말이 있습니다. 남을 아무리 돕고 싶어도, 물질적인 여유가 없으면 도울 수 없다는 의미입니다. 일종의 정서적인 구제인 관용에도 이 원리는 적용됩니다. 먼저 충만한 기쁨의 정서를 소유하고 있어야 하는 것입니다. 도저히 사랑할 수 없는 사람을 온화함으로 품으려면, 이에 필요한 희생과 인내를 감수할 수 있는 정서적인 여유가 필수적입니다.

코리 텐 붐 Corrie Ten Boom 여사는 하나님으로부터 오는 기쁨이 있어야 미움을 극복할 수 있음을 직접 체험한 인물입니다. 유대인들을 숨겨 두었던 것이 발각이 되어 독일 군인들에게 잡혀서 라벤슨부르크 수용소에서 처참한 감옥 생활을 해야 했던 그녀는 '독일'이라는 말만 들어도 온 몸이 아파 오는 고통을 느꼈습니다. 그런데 하나님은 그녀에게 너무나 어려운 명령을 하셨습니다. "독일인을 사랑하라. 독일을 찾아가 용서의 복음을 선포하라."

도무지 할 수 없을 것 같았지만, 코리 여사는 하나님의 강권하심을 따라 독일 전역을 돌아다니면서 하나님의 말씀을 증거했습니다. 그런데 어느 날 집회를 마치고 참석자들과 인사를 나누고 있는데, 한 낯익은 얼굴이 다가왔습니다. 바로 라벤스부르크 수용소의 간수였습니다.

그녀는 자신의 책에 그 당시의 감정을 이렇게 기록하였습니다. "그 순간 내 피가 거꾸로 용솟음쳐 올랐습니다. '하나님 저 사람만은 용서할 수 없어요.' '용서해라.' '아니요, 하나님. 할 수 없어요. 용서할 마음이 생기지 않아요.' 그러는 중에 그 사람은 계속 다가오고 하나님은 계속하여 말씀하셨습니다. '나는 너에게 용서할 마음이 있는가 없는가를 묻는 것이 아니다. 용서해라. 이것은 나의 명령이다.' 그 순간 나는 순종해야 한다는 것을 느꼈습니다. 나 역시 예수 그리스도의 십자가 공로로 용서받았기 때문입니다.

드디어 그 간수가 내 앞에 섰을 때 그는 깜짝 놀라 뒷걸음질쳤습니다. 그러나 나는 팔을 벌려 그를 끌어안고 '하나님은 당신을 사랑합니다. 나는 당신을 용서합니다.' 하고 고백했습니다. 그리고 그 순간 나는 말할 수 없는 기쁨 속에서 하나님의 놀라운 임재를 경험했습니다."

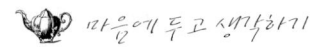 마음에 두고 생각하기

관용에 필요한 희생과 인내를 감수할 수 있게 해주는 힘의 원천은 하나님으로 말미암는 신령한 기쁨입니다. 나 역시 하나님의 사랑과 용서를 입은 존재라는 인식과 그로 말미암은 기쁨 없이는 관용의 삶을 살아갈 수 없습니다.

기쁨은 우리 영혼을 보호하는 일인 동시에 다른 사람을 품는 큰 사랑의 기초입니다

"아무도 훼방하지 말며 다투지 말며 관용하며
범사에 온유함을 모든 사람에게 나타낼 것을 기억하게 하라"(딛 3:2).

분노는 애를 쓰지 않아도 유지가 되지만, 기쁨은 지키려 애쓰지 않으면 이내 사라지고 맙니다. 그래서 분노는 쇠로 만든 그릇에 담은 물과 같고, 기쁨은 헝겊으로 만든 그릇에 담은 기름과 같다고 합니다. 분노는 한 순간에 마음을 꽉 채우고 쉽게 사라지지도 않는데, 기쁨은 마음에 채우기도 어렵거니와 지키기는 더더욱 어렵다는 의미입니다.

그러므로 신자는 항상 기뻐해야 하고, 매 순간 기쁨을 잘 간직하도록 노력해야 합니다. 그러면 어떻게 해야 기쁨을 간직할 수 있을까요?

신자의 기쁨은 하나님과의 평화에서 오는 기쁨입니다. 그리고 절망 가운데서도 소망을 갖는 데서 오는 기쁨입니다.

빌립보서의 저자인 사도 바울을 보십시오. 하나님과 평화를 누리고 있으니 감옥 속에서도 기뻐할 수 있었습니다. 신령한 기쁨이 마음에 가득하자, 자신을 고통 가운데 몰아 넣은 사람들을 향해서도 너그러운 마음을 갖게 된 것입니다.

그런데 보십시오. 다른 사람들을 너그러운 마음으로 품을 수 있게 되자, 그에게는 감옥도 섬김의 장이 되었습니다. 몸이 갇혀 있지만 영혼을 향한 그의 섬김은 멈추지 않았습니다. 서신으로 권면하고, 기도로 바르게 세우며 변함없이 영혼들을 돌보았습니다.

교회를 섬기고, 영혼들을 돌보고, 복음을 전파하기 원합니까? 진정한 섬김은 우리의 마음에서부터 시작됩니다.

즉 관용은 우리의 영혼을 지키는 방패인 동시에 다른 사람을 세우는 아름다운 섬김의 기초인 것입니다.

우리 모두가 기쁨의 삶을 살아가서, 모든 이에게 관용을 드러내는 축복의 인생길을 걷게 되기를 진심으로 소망합니다.

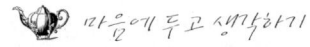
마음에 두고 생각하기

충만한 기쁨 안에서 관용의 삶을 살고 있습니까? 어떤 억울한 일이 일어나도 "세상에 이런 일도 있구나." 하고 인내하고, 어떤 이상한 사람을 만나도 "세상에 이런 사람도 있구나." 하며 이해합시다. 이러한 너그러운 마음이야말로 우리 영혼을 지키는 최선의 수비요, 다른 사람을 섬기는 아름다운 섬김의 시작이기 때문입니다.

생명적 연합의 비밀은 순종입니다

"내가 아버지의 계명을 지켜 그의 사랑 안에 거하는 것같이 너희도 내 계명을 지키면
내 사랑 안에 거하리라 내가 이것을 너희에게 이름은 내 기쁨이 너희 안에 있어
너희 기쁨을 충만하게 하려 함이니라"(요 15:10-11).

요한복음 15장에는 유명한 포도나무 비유가 나옵니다. 예수 그리스도와 우리와의 관계를 포도나무와 그 포도나무의 가지로 설명한 것인데, 생명적 연합의 관계라는 것이 이 표현의 핵심입니다. 즉 예수 그리스도의 생명이 우리에게 흘러들어와 우리의 삶 속에 거룩한 열매를 맺게 함을 설명하고 있는 것입니다.

그런데 예수님은 이 포도나무의 비유를 통해 열매 맺는 삶에 대해 가르치시면서 계명을 지킬 것을 말씀하십니다. "내가 아버지의 계명을 지켜 그의 사랑 안에 거하는 것같이 너희도 내 계명을 지키면 내 사랑 안에 거하리라 내가 이것을 너희에게 이름은 내 기쁨이 너희 안에 있어 너희 기쁨을 충만하게 하려 함이니라"요 15:10-11.

요한복음 14장에 언급되었듯이 예수님에게 계명에 대한 순종은 곧 하나님을 향한 사랑이었습니다. "나의 계명을 가지고 지키는 자라야 나를 사랑하는 자니 나를 사랑하는 자는 내 아버지께 사랑을 받을 것이요 나도 그를 사랑하여 그에게 나를 나타내리라"요 14:21.

그러므로 예수 그리스도와의 생명적 연합을 누리고, 하나님을 사랑하고 하나님께 사랑을 받는 삶을 살아가기를 소원한다면 하나

님의 말씀에 순종해야 합니다. 순종은 우리가 하나님을 사랑하고 있다는 확증입니다.

그런데 예수님은 생명적 연합을 설명하시면서 순종을 요구하는 데 그치지 않고 기쁨을 다시 언급하십니다. "내가 이것을 너희에게 이름은 내 기쁨이 너희 안에 있어 너희 기쁨을 충만하게 하려 함이니라"요 15:11. 계명 순종의 삶은 예수 그리스도가 누리는 기쁨을 우리도 함께 누릴 수 있게 하는 통로가 된다는 것입니다.

여러분! 우리가 살아야 할 영적 삶은 하나님의 생명이 우리의 생명이 되고, 하나님의 소원이 우리의 소원이 되고, 하나님의 기쁨이 우리의 기쁨이 되는 삶입니다. 신자에게 이보다 더 큰 축복이 무엇입니까? 이보다 더 큰 행복이 무엇입니까? 순종은 우리를 그러한 삶으로 인도합니다. 순종이 바로 놀라운 연합의 기쁨을 누리는 비결인 것입니다.

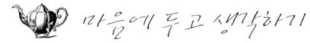
마음에 두고 생각하기

성경은 순종이 하나님과의 사랑의 연합을 이루는 비결이라고 말씀합니다. "너희가 나를 사랑하면 나의 계명을 지키리라"(요 14:15), "나의 계명을 가지고 지키는 자라야 나를 사랑하는 자니"(요 14:21), "사람이 나를 사랑하면 내 말을 지키리니"(요 14:23), "너희도 내 계명을 지키면 내 사랑 안에 거하리라"(요 15:10). 순종의 삶을 살고 있습니까? 하나님을 향한 최고의 사랑 고백은 순종의 삶입니다.

기쁨의 삶의 정체는 생명적 연합을 이루는 사랑 안에 거하는 것입니다

"하나님이 우리를 사랑하시는 사랑을 우리가 알고 믿었노니 하나님은 사랑이시라 사랑 안에 거하는 자는 하나님 안에 거하고 하나님도 그 안에 거하시느니라"(요일 4:16).

요한복음 15장 10-11절 말씀에 따르면 기쁨 충만한 삶의 비결은 두 가지입니다. 첫째, 계명에 순종하는 것이요, 둘째, 하나님의 사랑 안에 거하는 것입니다. 그런데 앞서 살펴보았듯이 이 두 가지는 같은 것입니다. 따로 행할 수 없는 하나인 것입니다.

중국 복음화에 헌신한 영국인 선교사 허드슨 테일러Hudson Taylor가 중국 대륙의 전도 책임자로 있을 때의 일입니다. 선교사 후보생들을 면접하게 된 허드슨 테일러는 "당신은 왜 선교사가 되려고 합니까?"라고 물었습니다. 한 사람은 "예수 그리스도께서 땅 끝까지 복음을 전하라고 명령하셨기 때문입니다."라고 대답했고, 다른 한 사람은 "수백만의 사람들이 예수 그리스도를 모른 채 타락의 삶을 살고 있기 때문입니다."라고 대답했습니다.

모든 선교사 후보생들의 대답을 들은 후, 허드슨 테일러는 이렇게 말했습니다. "그 모든 동기들도 좋지만, 시험과 시련 그리고 고생, 심지어 죽음의 순간이 닥칠 때 당신을 구할 수 있는 것은 그러한 것들이 아닙니다. 선교의 현장에서 겪게 될 그 어떤 시련과 고통도 견딜 수 있게 하는 동기는 오직 하나뿐이니, 바로 하나님과의 관계에서 누리는 친밀한 사랑입니다."

비록 선교사는 아니라 할지라도, 우리의 인생 역시 언제 어떤 시련과 환란이 닥쳐올지 모르는 고난의 여정입니다. 그러므로 허드슨 테일러의 조언은 모든 신자들에게도 적용됩니다.

신자의 기쁨은 삶의 평안에 좌우되는 것이 아니라 하나님과 누리는 사랑의 연합에 좌우됩니다. 그러므로 기쁨의 삶의 정체는 하나님과의 생명적 연합을 누리며 그 사랑 안에 거하는 것이라고 정의내릴 수 있습니다.

신자가 목숨을 걸고 지켜야 할 기쁨은 하나님과의 생명적 연합에서 말미암는 하나 됨의 기쁨인 것입니다.

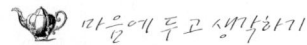
마음에 두고 생각하기

하나님과의 생명적 연합이 기쁨의 삶의 비결입니다. 생명적 연합의 관계 속에 있습니까? 하나님과 친밀한 사랑의 관계를 맺고 있습니까? 기쁨의 삶은 기뻐하려는 노력으로 성취되는 것이 아니라, 하나님과 올바른 관계 속에 있을 때 누리게 되는 축복입니다.

예수님의 생애는
전체가 계명에 순종하는 순명의 생애였습니다

"그가 아들이시라도 받으신 고난으로 순종함을 배워서 온전하게 되었은즉
자기를 순종하는 모든 자에게 영원한 구원의 근원이 되시고"(히 5:8-9).

예수 그리스도의 지상 생애의 핵심은 순종입니다. 그런데 예수님은 그 순종의 삶이 하나님의 사랑 안에 거하기 위해서였다고 말씀하십니다. "내가 아버지의 계명을 지켜 그의 사랑 안에 거하는 것같이……" 요 15:10.

실제로 예수님의 생애는 처음부터 끝까지 계명에 순종하는 순명의 생애였습니다. 예수님은 항상 하나님의 뜻에 순종하셨고, 하나님은 항상 그러한 예수님과 동행하셨습니다. "나의 양식은 나를 보내신 이의 뜻을 행하며 그의 일을 온전히 이루는 이것이니라" 요 4:34. "나를 보내신 이가 나와 함께 하시도다 내가 항상 그의 기뻐하시는 일을 행하므로 나를 혼자 두지 아니하셨느니라" 요 8:29.

우리가 예수님으로부터 배워야 할 것은 바로 이 순종입니다. 순종이 무엇인지 모르는 우리를 위해, 예수님은 삶으로 순종을 보여 주셨습니다. 죽기까지 순종함으로 하나님의 뜻을 이루셨고, 가망 없는 죄인이었던 우리를 구원해 주셨습니다. 이렇게 순종을 가르치신 것은 순종이 하나님의 사랑 안에 거하는 비결이요, 참된 기쁨의 통로이기 때문입니다.

이제 우리 차례입니다. 우리가 예수님께 배운 순종을 우리의 삶으로 보여야 합니다. 인간의 가장 큰 비극은 하나님께 순종하지 않고 자기 뜻대로 사는 것입니다.

모든 온전하고 선한 것은 하나님으로부터 옵니다. 더구나 하나님은 항상 선하시며, 모든 지혜의 근원이 되십니다. 그런데 왜 순종하지 못합니까?

순종하면 고행의 삶이 시작될 것이라고 오해하는 사람들이 있는데, 이는 심각한 착각입니다. 순종은 하나님을 기쁘시게 하는 비결이요, 우리의 삶을 축복으로 나아가게 하는 초청입니다. 예수 그리스도를 좇아 순종의 삶을 살아가는 기쁨의 사람이 되십시오.

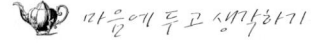
마음에 두고 생각하기

예수 그리스도는 율법을 완성하기 위해 이 세상에 오셨습니다. 그래서 계시된 하나님의 말씀을 한 점 흠없이 지키셨고, 하나님의 뜻에 죽기까지 복종하셨습니다. 우리가 살아야 할 삶은 예수님이 보여 주신 것과 같은 순종의 삶입니다. 하나님이 아무 말씀도 하지 않으시고, 아무 뜻도 보여 주지 않으신다고 생각해 보십시오. 행복할까요? 마음대로 살 수 있어 즐거울까요? 인간의 참된 행복은 하나님께 순종하는 삶에 있습니다. 그렇게 순종할 때, 하나님께서 우리의 인생을 사용해 우리가 상상도 못한 놀라운 일들을 행하시기 때문입니다.

온전히 기쁨으로 그 계명을 따르는 것이 순종이기에, 순종의 동기는 반드시 하나님을 향한 사랑이어야 합니다

"너희는 너희 하나님 여호와를 순종하며 그를 경외하며 그 명령을 지키며
그 목소리를 청종하며 그를 섬기며 그에게 부종하고"(신 13:4).

순종과 굴종의 차이는 무엇일까요? 순종은 실천하는 사람의 마음에 기쁨을 가져오지만, 굴종은 억울함과 치욕스러움을 남깁니다.

이 현격한 차이는 어디에서 시작된 것일까요? 명령하는 대상을 향한 믿음과 사랑입니다. 신뢰하지 않는 대상의 명령을 어쩔 수 없이 따르는 것은 고통이지만, 신뢰하고 사랑하는 대상의 명령을 따르는 것은 기쁨인 것입니다.

멕시코에 있는 쿠이케텍 인디언과 페르탈 인디언의 방언에는 '믿는다'는 말과 '순종한다'는 말이 구분되지 않는다고 합니다. 한 단어에 이 두 의미가 다 포함되는 것입니다. 이 사실을 발견한 초기 선교사들은 언어가 불완전하여 아직 분화가 다 이루어지지 않았다고 생각했습니다. 그런데 그들과 대화를 나눈 결과, 그들의 언어가 진리에 더 접근해 있음을 인정하지 않을 수 없었습니다. "믿으면 순종하게 되고, 믿지 않으면 결코 순종할 수 없지 않습니까? 결국 하나인데 왜 분리하여 생각해야 합니까?"라는 반문에 아무 대답도 할 수 없었기 때문입니다.

그렇습니다. 순종을 가능하게 하는 힘은 믿음입니다. 그리고 이 믿음은 사랑과도 분리되지 않습니다. 하나님을 믿고 사랑하지 않으면, 하나님의 뜻대로 사는 삶을 기뻐할 수 없습니다.

신앙이란 마음 중심에서 우러나오는 사랑으로 하나님이 나에게 주신 계명에 순종하는 것입니다. 하나님의 계명을 따라서 살아간다 할지라도 마음 중심에서 우러나오는 사랑이 동기가 아니라면 그것은 순종이 아니라 아첨일 뿐입니다.

하나님을 기쁘시게 하고, 하나님의 사랑을 우리에게 향하게 하는 것은 오직 순종입니다.

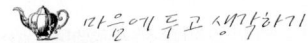

사랑과 순종은 정비례합니다. 그래서 순종은 사랑을 가늠하는 시금석입니다. 하나님의 계명을 따라 살아가는 것이 말할 수 없이 기쁩니까? 신령한 기쁨을 힘입어, 나의 뜻을 꺾고 하나님의 뜻에 따르고 있습니까? 이 질문들에 "예."라고 대답할 수 있어야, 하나님을 사랑하는 신자이며, 순종으로 하나님을 기쁘시게 하는 자녀입니다.

하나님의 탁월한 지혜와 완전한 사랑을 믿는 것이 순종의 비결입니다

"사자가 가라사대 그 아이에게 네 손을 대지 말라 아무 일도 그에게 하지 말라
네가 네 아들 네 독자라도 내게 아끼지 아니하였으니
내가 이제야 네가 하나님을 경외하는 줄을 아노라"(창 22:12).

'이 계명을 지키지 않으면, 하나님께서 진노하실 것이고, 나에게 큰 형벌을 내리실거야.' 라는 두려움 때문에 계명을 지킨다면 이것은 순종이 아닙니다. 복음이 가르쳐 준 순종의 원리는 앞에서 거론한 바와 같이 믿음입니다. 그럼 무엇을 믿어야 하는 것일까요? 바로 하나님의 탁월한 지혜와 완전한 사랑입니다.

창세기 22장에서 아브라함은 외아들 이삭을 번제로 바치라는 하나님의 말씀에 순종하여, 이삭을 결박하여 단 위에 놓고 칼을 듭니다. 100세가 넘어서, 그것도 25년이나 기다려 얻은 사랑하는 아들입니다. 아브라함이라고 그 아들을 번제로 바치기가 쉬웠겠습니까? 몇 번이고 마음속으로 외쳤을 것입니다. '주여! 차라리 저를 번제로 받으시면 안 되겠습니까?' 그러나 아브라함은 그 어떤 투정이나 핑계도 없이, 즉시 하나님의 명령을 따릅니다. 도저히 감당할 수 없는 요구였지만, 의연하게 순종을 결심합니다. 어떻게 이런 태도가 가능했을까요? 아브라함은 이삭의 탄생을 통해 하나님의 약속은 반드시 이루어진다는 것을 배웠습니다. 사람의 눈으로는 불가능해 보이는 일도 하나님이 하고자 하신다면 이루어진다는 것을

알았습니다. 그런 하나님이 시키신 일이었기에 아브라함은 순종하기로 결단하였습니다.

그리고 그 순종을 하나님은 기쁘게 받으셨습니다. 그래서 아브라함을 막으며, "내가 이제야 나를 경외하는 줄을 알았노라."라고 말씀하셨습니다. 사랑이 순종을 통해 밖으로 흘러 넘쳐 삶으로 표현될 때, 하나님께서 그것을 인정하시고 기뻐하신 것입니다.

하나님은 도저히 따르기 힘든 명령을 내리기도 하십니다. 그러나 그 때에도 우리가 기뻐해야 할 이유는 하나님은 탁월한 지혜를 가지고 우리를 가장 선한 길로 인도하시는 분이기 때문입니다. 하나님의 탁월한 지혜와 완전한 사랑을 믿는다면, 순종할 수 없는 일이란 없습니다.

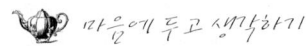

우리의 지혜가 하나님에게 미치지 못하다는 것을 인정한다면, 하나님이 인도하시는 길이 내가 생각한 방향과 다르다고 핑계하며 순종을 머뭇거리지 않을 것입니다. 하나님의 탁월한 지혜와 완전한 사랑을 믿으십니까? 그러면 이제 순종으로 여러분 안의 사랑을 하나님 앞에 나타내 보일 때입니다.

우리가 살아야 할 인생은 순종이 기쁨을, 기쁨이 다시 순종을 낳는 아름다운 순환의 삶입니다

"네가 네 하나님 여호와의 말씀을 순종하여 이 율법책에 기록된 그 명령과 규례를 지키고 네 마음을 다하며 성품을 다하여 여호와 네 하나님께로 돌아오면……여호와께서 네 열조를 기뻐하신 것과 같이 너를 다시 기뻐하사 네게 복을 주시리라"(신 30:9-10).

신자에게 있어 성공적인 인생이란 어떤 것일까요? 행복한 삶이란 무엇일까요? 기쁨에 관한 묵상 속에서 그 해답을 발견하셨습니까?

우리를 참된 행복으로 초청하는 신앙의 사이클은 하나님을 기뻐함으로 하나님께 순종하고, 그 순종을 통해 다시 신령한 기쁨을 누리는 것입니다. 일단 이러한 호순환이 시작되면, 점점 더 큰 기쁨으로 충만해지고, 점점 더 큰 일에 순종할 수 있게 됩니다.

희생과 헌신의 결단을 요구하는 어떤 일이 여러분 앞에 놓여 있습니까? 외면하고 싶은 하나님의 명령이 있습니까?

지금 순종을 택한다고 당장 놀라운 축복이 임하지는 않습니다. 마찬가지로 불순종을 택한다고 해도 당장 큰 문제가 생기는 것은 아닙니다. 그러나 지금 작은 일에 순종하면 그 순종이 기쁨을 낳고 그 기쁨이 다시 순종을 낳는 아름다운 순환이 시작되지만, 지금 작은 일에 불순종하면 영혼은 점점 메말라 갈 것입니다. 불순종이 마음을 굳어지게 하고, 마음이 굳어져 성도의 의무를 제대로 할 수 없는 불순종의 악순환이 시작되는 것입니다.

선택은 우리 각자의 몫입니다. 아무리 기뻐해도 우리 영혼에 해가 되지 않는 신령한 기쁨을 충만하게 누리며 살 것인지, 세상에서도 만족할 수 없고 하나님 앞에서도 만족할 수 없는 이름뿐인 신자로 살 것인지 결정하십시오.

순종이 당장은 어렵고 고단해 보여도, 순종하는 사람에게는 하나님의 사랑이 부어집니다. 그리고 하나님께 사랑받고 있다는 것이 느껴지면, 신령한 기쁨이 밀려 오기 시작합니다.

빈익빈 부익부는 세상에서만 적용되는 말이 아니라 신앙의 세계에서도 그대로 적용됨을 명심하십시오. 어떠한 인생을 살겠습니까?

마음에 두고 생각하기

하나님의 사랑을 많이 받은 사람만이 충만한 기쁨을 누리고, 충만한 기쁨을 누리는 사람만이 온전히 순종할 수 있고, 온전히 순종할 수 있는 사람만이 하나님을 기쁘시게 할 수 있습니다. 순종은 더 큰 순종을 낳고, 불순종은 더 큰 불순종을 양산함을 명심하십시오. 우리가 살아야 할 인생은 순종으로 기쁨을 누리고, 그 기쁨이 다시 순종을 가능케 하는 아름다운 순환의 삶입니다.

생명의말씀사

사 | 명 | 선 | 언 | 문

> 너희가 흠이 없고 순전하여……세상에서 그들 가운데 빛들로
> 나타내며 생명의 말씀을 밝혀 (빌 2:15-16)

1. 생명을 담겠습니다.
만드는 책에 주님 주신 생명을 담겠습니다.
그 책으로 복음을 선포하겠습니다.

2. 말씀을 밝히겠습니다.
생명의 근본은 말씀입니다.
말씀을 밝혀 성도와 교회의 성장을 돕겠습니다.

3. 빛이 되겠습니다.
시대와 영혼의 어두움을 밝혀 주님 앞으로 이끄는
빛이 되는 책을 만들겠습니다.

4. 순전히 행하겠습니다.
책을 만들고 전하는 일과 경영하는 일에 부끄러움이 없는
정직함으로 행하겠습니다.

5. 끝까지 전파하겠습니다.
모든 사람에게, 땅 끝까지, 주님 오시는 그날까지
복음을 전하는 사명을 다하겠습니다.

생명의말씀사 서점안내

광화문점 110-061 종로구 신문로1가 58-1 구세군 회관 2층
TEL. (02) 737-2288 / FAX. (02) 737-4623

강 남 점 137-909 서초구 잠원동 75-19 반포쇼핑타운 3동 2층 전관
TEL. (02) 595-1211 / FAX. (02) 595-3549

구 로 점 152-880 구로구 구로3동 1123-1 3층
TEL. (02) 858-8744 / FAX. (02) 838-0653

노 원 점 139-200 노원구 상계동 749-4 삼봉빌딩 지하1층
TEL. (02) 938-7979 / FAX. (02) 3391-6169

분 당 점 463-824 경기도 성남시 분당구 서현동 269-5 서원프라자 서현문고 서관 4층
TEL. (031) 707-5566 / FAX. (031) 707-4999

신 촌 점 121-806 마포구 노고산동 107-1 동인빌딩 8층
TEL. (02) 702-1411 / FAX. (02) 702-1131

일 산 점 411-370 경기도 고양시 일산구 주엽동 83번지 레이크타운 지하 1층
TEL. (031) 916-8787 / FAX. (031) 916-8788

의정부점 484-010 경기도 의정부시 금오동 470-4 성산타워 3층
TEL. (031) 845-0600 / FAX. (031) 852-6930

파 주 점 413-012 경기도 파주시 금촌2동 68번지 송운빌딩 2층
TEL. (031) 943-6465 / FAX. (031) 949-6690

인터넷서점

http://www.lifebook.co.kr